JN057832

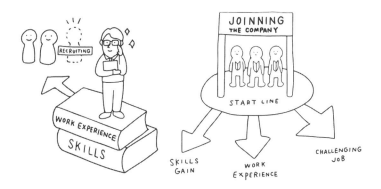

最新の HR テクノロジーを活用した

人的資本経営時代の
持続可能な働き方

Tamioka Ryo

民 岡 良

すばる舎

はじめに

　本書は、これからの「人的資本経営時代に求められる人材の条件」や、「新しい働き方のトレンド」を知るとともに、自分がどのような「スキル（→54ページ）」を身に付けることで優位性を維持できるのか。その優位性を一時的にではなく、持続的に保持するために必要な心構えについての基本的な考え方と具体的な解決策を提示するものである。

　ちなみに「人的資本経営」とは、「人的資本に最適な投資をすることで最適なリターンを生み出す経営のこと」（吉田寿・岩本隆『企業価値創造を実現する 人的資本経営』2022年）とされている。

「人的資本」とは個々人が持っている、広義のスキルそのものである。これらの定義については、のちの「第1章」で詳述する。

　そのうえで、自らの働き方の変革を起点に、すべての人々が「強み」をフルに発揮して活き活きと幸せに生きるために、「持続可能な働き方」を実現し、ひいては持続可能な社会の実現に寄与したいという意識醸成にまでつながれば望外の喜びである。

「持続可能な働き方」とは、自らが持てる「強み」によって自然な形で組織や社会に貢献し、不必要な「無理」を強いられることなく、適度なパフォーマンスを持続的に発揮し続けていけるような働き方である。

　本書は、企業内の人事・HR担当者で「人的資本開示への対応」や「優秀な従業員の定着」「従業員満足度やエンゲージメントの向上」に問題・課題意識を持っており、その解決策を考えなければならない立場にある方々にとって有益な内容となるだろう。

そこでまず、本編の第1章では、これからの人事に求められる役割や機能について考えていく。

たとえ読者が人事担当者ではないとしても、ぜひ、自分ごととして、「よりよい働き方を実現していくため、人事部門にはどのような役割を果たしてもらいたいか」「もし自分が人事担当者なら、働き方の変革のためにまず何をすべきか」という観点で読み進めてほしい。

昨今、人事界隈ではトレンドの移り変わりも激しく、さまざまなビッグワードが飛び交っている。その流れに追い付けず、焦りを感じたり、いったい何から着手すればいいやら戸惑うことも多いのではないだろうか。

そのような時、拠りどころとすべきはただ1つ、「**それはサステナブルか？**」という問いかけである。持続可能な方向に導けそうなら優先度を上げて着手すべきだし、逆方向のことは極力止めるか改善すべきだ。

持続可能な度合いを測るための重要な指標の1つが「従業員体験（エンプロイー・エクスペリエンス）」の良し悪しである。これを押し上げるための最大のポイントとなるのが「人と仕事・役割（ジョブ）のマッチング」の問題であり、まずやるべきことは、

① ジョブ（仕事、役割）の定義（言語化）と、必要なスキルの定義
②「従業員側がスキルとして何を持っているか」の可視化

の2点になるだろう。他の部門やチームに対して模範を示す意味でも、具体的に挙げられる役割・機能をまとめて、まずは人事部門内で「**セルフジョブ定義**（→p.139）」の実施をお勧めする。さらに、これからの働き方と、働き手側に求められるマインドセットについてもふれていく。

第2章では、日本企業が抱える共通的な問題、特に「持続可能な働き方」を阻害してきた典型例をいくつか挙げる。

同時に、もともとは巧くやれていた事例や日本企業の組織運営上の強み
にもふれていく。そのうえで、HRテクノロジーの活用を視野に入れた「解
の方向性」を具体的に示していく。

　第3章では、人々の働き方、人材マネジメントのあり方や、さまざまな
問題を解決するため、HRテクノロジーをどのように活用していくかにつ
いて、「採用」「人材開発」といった機能領域ごとに最新トレンドを踏まえ
て紹介していく。
　また、本格的な活用のためには「泥臭い準備作業」も行わなければなら
ないという注意喚起も行い、その準備を確実に進める方法も紹介する。

　第4章では、1〜3章を受けて、具体的な施策立案の実践例を紹介する。
　個人としては、どのようなスキルを身に付けてキャリア自律を実現し、
ひいては「持続可能な働き方」につなげていくか。
　企業側、人事部門としては、これらをどのように支援し、「持続可能な
組織作り」や「持続可能な社会の構築・維持」に寄与していくかのあるべ
き姿を示す。
　そのためにまず、目の前の課題をいかに解決するかという観点から、
具体的なアクションプランを立てるために必須の「Tips」を紹介する。

「持続可能な働き方」はあらゆる世代の関心事であり、企業経営の側面
からも、働く個人の視点からも、真剣に取り組んでいかなければならない
最重要課題である。これは、人事部門の中だけでは解決不可能な壮大な
テーマであり、企業経営の観点から見ても、施策の良し悪しがすべての従
業員の働き方や人生に大きな影響を及ぼすことになる。
「持続可能な働き方」の実現にはHRテクノロジーの活用が必要不可欠で、
豊富な経験や研ぎ澄まされたセンスを兼ね備えた「人間」との協働により、

サステナブルな世界に一歩ずつ近づくことができるのである。

　本書では、人事領域や関連するテクノロジーについて、最新トレンドやホットな情報を紹介しつつ、具体的な課題の例示と、解決のための方策についても示していく。

持続可能な働き方とは

「持続可能性（Sustainability）」や「持続可能な開発（Sustainable Development）」という概念がここ数年のうちに急速に広まり、新聞紙面などでもよく目にするようになった。多くの人にとっては「最近話題のワード」だろうが、なぜだか私にとっては「郷愁」を感じさせる言葉だ。不思議と「甘酸っぱい思い出」と紐づく。

　なぜそのような感情を呼び起こすのか、もやもやした状態が2020年の秋口くらいから2021年の3月まで、正確には3月23日の午前中まで続いた。

　2021年3月23日の朝早く、その昔、通い尽くした東急東横線の日吉駅に久しぶりに降り立った。卒業というハレの日を迎えた精悍な若者達に交じって「日吉記念館」に向かう。ハレの日に相応しい、まさによく晴れた日だった。

　生まれ変わった「新 日吉記念館」は、ちょうど1年前に竣工したばかりで、陽光と相まって眩いばかりであった。卒業してからちょうど25年目を迎えて、ちょっと歳を取った私にしても、今日まさに卒業の日を迎えた塾生達にも負けないくらいの新たな船出を感じさせてくれた。

「卒後25年塾員招待枠」の座席に座り、数多くの来賓の祝辞、塾生からの答辞に耳を傾ける。時代を反映してか、やはりここでも「持続可能性」「SDGs」などのワードを何度も聞く。

　久しぶりに日吉に来た、それだけでなく義塾の公式行事に参列するという特別な体験が、私にあることを気付かせた。「持続可能性（Sustainability）」

や「持続可能な開発（Sustainable Development）」という言葉は、まさにこの学びの場（正確には日吉キャンパスではなく三田キャンパスであったが）で二十数年前に教わったのだ。

　確か「地球環境経済論」という半期（2単位）の科目を履修していて、私にとっては、ほとんどが退屈だった経済学部の各種講義の中でも、珍しく熱心に毎回授業に出て細田衛士教授（当時）の話を聴いていた。「アジェンダ21 *」というワードとともに、「持続可能な開発（「これは、Sustainable Developmentという英語とともに必ず覚えておくように。試験に出るぞ」と言われた）」というワードは強烈に覚えている。

＊アジェンダ21（Agenda 21）：1992年の6月にブラジルのリオ・デ・ジャネイロ市で開催された地球サミット（環境と開発に関する国際連合会議）において採択された、持続可能な開発のあらゆる領域におけるグローバルな行動のための包括的な計画。21世紀に向け持続可能な開発を実現するために各国および関係国際機関が実行すべき行動計画とされた。

（参考）**国際連合広報センター‐主な活動‐経済社会開発‐持続可能な開発‐首脳会議とその他の会議**

https://www.unic.or.jp/activities/economic_social_development/sustainable_development/summit_and_other_meetings/

　細田教授（当時）も、「1992年の国連地球環境会議、いわゆる地球サミットで地球環境問題が脚光を浴びるようになると、がぜん環境の経済分析の必要性が認識され始めた」と述べている。

　続けて「環境経済学を経済学の新しい一分野として認め、関連の講義を設置した経済学部の感度のよさ、伸縮性には驚くべきものがありました」とも述べているとおり、「地球サミット」の2年後の1994年には正規の選択科目として設置され、私もそれを履修したのである。

（参考）**慶應義塾大学経済学部公式サイト‐慶應経済について‐教員インタビュー‐細田衛士**

https://www.econ.keio.ac.jp/about/t_interview/eiji-hosoda

これが脈々と受け継がれ、2015年の9月25日〜27日、ニューヨークの国連本部において、「国連持続可能な開発サミット」が開催され、150を超える加盟国首脳の参加のもと、その成果文書として、「われわれの世界を変革する：持続可能な開発のための2030アジェンダ」が採択される。

　当時「向こう15年間の新たな持続可能な開発の指針」として採択されたものであり、「人間、地球および繁栄のための行動計画として、宣言および目標」が掲げられた。これは「ミレニアム開発目標（MDGs）」の後継で、17の目標と169のターゲットからなる「持続可能な開発目標（SDGs）」である。SDGsは複雑な社会的、経済的、環境的課題を幅広くカバーしている。

(参考) 国際連合広報センター「主な活動-経済社会開発-持続可能な開発-2030アジェンダ」
https://www.unic.or.jp/activities/economic_social_development/sustainable_development/2030agenda/

　SDGsは、いまやわが子が最近まで通っていた幼稚園でも通年の教育テーマに掲げられるほど、あらゆる年代に浸透している。この「ゴール」に近づくためのプロセス、ないし手段として「ESG（企業の経営や成長において、環境：E／社会：S／ガバナンス〔企業統治〕：Gという3つの観点での配慮が必要）」という考え方もある。前後関係としては、投資家や金融機関の意識、投資判断を変えるための考え方として2006年ぐらいに「ESG」が登場したので、SDGsより前である。

　SDGsが1992年の「地球環境サミット」の流れを受けていることもあり、ESGの中でもまず「E（環境問題）」に再び目が向いた。そして、エンロン事件などに代表される大企業の不祥事が重なり、続いて「G（企業統治）」にも注目が集まった。その後ますます企業は「社会的な責任」を果たすことが求められるようになり、「S（社会問題）」も話題にされることが多くなった。

　特に、人権や労働者の権利、ダイバーシティ＆インクルージョンなどの問題に対する関心が高まったことで、昨今、この領域の中でも特に「働

き方」「労働問題」に注目が集まっている。

　ちなみに、国際基準策定団体や、いくつかの有力なESGの格付け機関によると、「S」の領域における主要指標の1つとして「人材育成」や「研修」を揃って挙げている。

　少し広く解釈すれば、「評価項目として人材マネジメントのあり方」も含まれ、審査対象にされていると言えるだろう。

　例えば、サステナビリティに関する国際基準の策定をしている非営利団体（NPO）、「The Global Reporting Initiative」が提供するGRI Standards Index（以下、「GRI指標」とする）において、「研修」には次のものが含まれるとしている。

- あらゆる種類の職業訓練および教育
- 組織が従業員に提供する有給の教育休暇
- 外部研修・教育で、組織が費用の全額、または一部を負担するもの
- 特定のテーマに関する研修（ただし、「監督者が職場で行う作業指導は、研修に含めない」とされており、いわゆる「OJT：On the Job Training」は含まれないものと思われる）

　同じく「スキル向上を目的とする従業員研修プログラム」には、次のものが含まれるとされている。

- 組織内部の研修コース
- 外部の研修・教育受講に対する資金的支援
- 雇用復帰が保証されている長期有給休暇

　そのうえで、「従業員スキル向上のプログラムは、労働環境の変化の中で、従業員が戦略的目標に対応できるスキルを習得する計画を組織が立案することを可能にする。従業員のスキルが向上することにより、組織の

人的資本が強化され、従業員満足度が向上し、その結果は業績向上にも大きく関わってくる」と説明している。

出典：GRIスタンダード
https://www.globalreporting.org/how-to-use-the-gri-standards/gri-standards-japanese-translations/

　また、RobecoSAM（2020年にＳ＆Ｐグローバルに買収された）のESG調査部門が提供するSAM Corporate Sustainability Assessment（CSA：コーポレートサステナビリティ評価、以下「SAM指標」とする）は、人材開発（Human Capital Development）の中でも、従業員のスキル向上や改善を目的とするものをEmployee Development Programs（従業員開発プログラム）と特別に定義し、例として以下を挙げている。

- 職種別プログラム
- リーダーシップ開発プログラム（OJTも含む）
- マネジメント能力開発プログラム（OJTも含む）
- 若手人材の開発プログラム
- 営業部門幹部に対する営業研修
- プロジェクト管理研修

出典：CSA Companion 2021
https://portal.s1.spglobal.com/survey/documents/SAM_CSA_Companion.pdf

　これらの取り組みは、どの企業にとっても比較的着手しやすく、従業員にも関連性が強いところから何らかの取り組みを始めるべきという気運が高まったことも、「Ｓ（社会問題)」に注目が集まるようになった要因の1つと言えるだろう。

出典：内閣府男女共同参画局公式サイト-主な政策-女性の活躍状況の「見える化」-企業における見える化
2.3.3 ESG情報提供機関（3）MSCI（米国　ニューヨーク）
p.207 図表2-73 ESG評価項目の中の大項目「社会」にテーマ「人的資本」が含まれている
https://www.gender.go.jp/policy/mieruka/company/pdf/160331_07.pdf

ところで、なぜ「ESG」の中で、わが国においては「S」が後回しにされてきた印象があるのかについて、サステナビリティコミュニケーション協会代表理事、サステナビリティ・コンサルタントの安藤光展氏によると、「わが国におけるESG関連の取り組みは法制化によって盛り上がることが多く、現政権での法制化によってようやく盛り上がってきたという側面がある」という。ちなみに、ヨーロッパでは10年以上前から「人権・労働慣行」に注目が集まるなど「S」はメインとも言える領域であった。

「サステナビリティ」の文脈では、2010年代前半から既に「人的資本」という考え方も存在していたとのことである。そして、「コロナ禍」の影響も少なからず受けつつ、「持続可能性」が「働き方」についても問われる時代が到来した。「Sustainable」は「Development」にのみ係る言葉ではなく、「Performance」にもつながるようになったのだ。

　前述の卒業式の場で、「持続可能性」と「働き方」についてさまざまなスピーチの中で織りなされる光景を目の当たりにして「Sustainable Performance」を「持続可能な働き方」として捉えて、これを会社名に取り入れようと電撃的に閃いた。

　兼ねてから、自らの「持続可能な働き方」について思い悩む日々が続いていた。そんな時期と卒後25周年記念行事が重なり、奇しくも郷愁に駆られたことから学生時代の学びを思い出した。その半年前（2020年の夏から秋）から取り組んでいた「人的資本開示」に関する国際的ガイドラインであるISO30414の調査過程で初めて知ることになった新たな概念「Sustainable Performance」も想起されるという、偶然が幾重にも重なり合ったことで1つの方向性が見えた。「ＳＰ総研」という会社名が決まった瞬間だった。会社名が先に決まり、ほぼ同タイミングで起業すること、そしてその時の所属企業を退職することも決断した。2021年3月23日の朝早く日吉記念館を見た時に感じたことは的中したのだ。

次のようなことが小一時間のうちに（卒業式の最中に）芋づる式につながり、頭の中も整理された。——**まずはわれわれ一人ひとりが「持続可能な状態」でなければ、組織全体・企業全体、ひいては社会全体としての持続可能性もおぼつかない。**

　自身の前職（直近に所属していた企業）での体験から、このことを痛感した。入社時には「新たな領域（HRテクノロジー、人事データの活用）に会社としても興味あるから、その分野の先駆者として自由にやってほしい」と言われ、やる気満々でスタートしたものの、3年も経たないうちに、さまざまな梯子を外され、どうにも身動きが取れなくなった。

　正確には、自由に動くことを直接的には制限されなかったが、どう動いても正当に評価される可能性は徐々に狭められた。
「やる気」を出すため、モチベーションを保つために、ますます社外に目が向いた。社外にはたくさんの理解者、賛同者、支援者がいた。社内にももちろん理解者はいたが、比率は完全に逆転していた。主な収入は所属企業から受け取っているにもかかわらず、「社外」のために働くモチベーションのほうが高かった。結果的に、社内でいかに省力化を図るかということまで考える状態であった。ちなみに、これはサラリーマンの世界において、決して少なくない現象ではないだろうか。給料を支払っている会社側、社内でよくわからない気を遣ってちょっとした罪悪感まで抱いてしまう従業員側の双方にとって決していい状態とは思えない。

　このような従業員が一人だけではなく、数十人、数百人と広がっていったら企業はどうなるのか。自分自身の場合、しっかりと評価される場はあったため（社外ではあったが）、全体として精神的に疲弊することは幸いにもなかったが、このような状況下では、一般的にメンタル不調を来してもおかしくないはずだ。これが、個人として「持続可能ではない状態」の一例である。このような事態が累積していけば、組織全体として持続可能でなくなっていくことは明らかである。

私としては、その組織の中にもう自分のやりたいことは残っていなかったため、転職するか起業するかのほぼ二択だった。転職しつつ副業的に起業する道もあったかもしれないが、その場合、再び同様の現象が起こり得ることも目に見えていた。

なぜ「持続可能な働き方」が求められるのか

パフォーマンスを無理なく発揮し続けられる

　では、どのような状態であれば、理想的な「持続可能な状態」と言えるのだろうか。

　これも自身の経験から、「**自分の強みをフルに活かせる状態**」と考える。過去の経験、現在持っている知識やスキルといった「強み」を活かせる場が与えられるだけで、成果や評価は自ずと後からついてくる。

　せっかく持っている強みを、全く活かす気がない、やる気がないという場合は例外であるが、「強み」を活かせる場があれば、あとは普通に働いていれば（決してやる気満々である必要まではなく）、無理なくパフォーマンスを発揮していくはずである。

　間違っても、組織に安定的に雇われ続け、終身雇用が約束されているという意味での「持続可能」ということではない。むしろ逆で、他の何かに頼っている時点で「持続可能性」は脆くなることから、のちに述べるように「**自律**」も不可欠の要素となる。

ウェルビーイングという概念

「ウェルビーイング（well-being）」とは、身体的・精神的・社会的に良好な状態にあることを意味する概念である。

　世界保健機関（WHO）憲章の前文では、「健康とは」の説明として「病気ではないとか、弱っていないということではなく、肉体的にも、精神的

にも、そして社会的にも、すべてが（complete）満たされた状態（well-being）にあること」（訳：日本WHO協会）としている。

出典：世界保健機関（WHO）憲章とは｜公益社団法人日本WHO協会
https://japan-who.or.jp/about/who-what/charter/

　一方で「持続可能な状態」とは、社会から求められていること、所属組織から求められていることと自分がやりたいことが一致し、その任務を遂行するにあたって、自身の強みが最大限活かされているため、精神的にも満たされ、それが身体の健康にもつながっている状態である。

　ちなみに、SDGsの目標の1つにも「GOOD HEALTH AND WELL-BEING」があり、「ウェルビーイング」が注目されていることが、ここからもわかる。

従業員体験の追求に重なる

　前述のような「持続可能な状態」である時、その従業員は自身の担当職務について「有意義な仕事（Meaningful Work）」と感じているはずだ。

　そう感じることができるか否かが、「従業員体験（Employee Experience＝エンプロイー・エクスペリエンス）」に最も大きな影響を与えるとされている。

（参考）

WorkTrendsTM 2017 Global for the IBM/Globoforce Employee Experience Index

https://www.ibm.com/downloads/cas/0O6GXMQE

　ここで言う「従業員体験」とは、従業員が会社組織に所属して働くこと（やその他）を通じて得られるあらゆる体験のことであるが、この体験の良し悪しが、その従業員のパフォーマンスに影響を与え、リテンション（人材維持）のためにも不可欠の要素とされている。

ウェルビーイングと従業員体験としての「自律的キャリア」

「従業員体験」に影響を与える要素としては「有意義な仕事（Meaningful Work）」と感じることに次いで、従業員（現場）の「声（意見や希望）」を聴いてもらえたり、権限委譲されているか、成長に関して適切な支援を受けられているか、いい仕事をした時にしっかり認められ、タイムリーにフィードバックを受けられているかということも挙げられている。

（参考）

WorkTrendsTM 2017 Global for the IBM/Globoforce Employee Experience Index
https://www.ibm.com/downloads/cas/0O6GXMQE

　これらを総合すると、「**自分の希望がある程度尊重され、自身でキャリアを切り拓くことができ、そこに向かうために必要な支援を受けられる環境の整備ができるかどうか**」が鍵を握りそうである。

　そのような環境で働くことができれば、間違いなく「会社から認められている」と感じることができ、精神的にも満足して、身体的にも健康な状態（ウェルビーイング）が保てるのではないだろうか。

　このような状態は「**キャリアの自律性が保たれた状態**」とも言える。すなわち、それぞれの個人（従業員）が自らのキャリアについて主体的に考え、自らのキャリアに責任を持ち、自らキャリア形成（キャリアビルディング）に取り組むことができるのである。

　本書の読者が、まず自らの働き方の変革に向け、着実に第一歩を踏み出し、ワークスタイルやライフスタイルを周囲にも伝播させること。

　そして、すべての人々が「強み」をフルに発揮し、活き活きと働いて人生を輝かせるような「幸せの循環」を生み出すことにつながることを願っている。あくまでも個人を起点として、個々が幸せに生きるために「持続可能な働き方」を実現することこそが、持続可能な社会の実現へ向けての近道なのだから。

第 **2** 章

日本型経営・人事に見られる「解」のありか

第 3 章

HRテクノロジーの
正しい使い方

第 4 章

今、求められる
HR施策の実践例

第 **1** 章

「日本の人事」
が
直面する課題

01 | 差し迫った人事課題と それを解決するための 人材要件

　今、人事部門が向き合わなければならない課題——言い換えれば、優先的に挑戦すべき事項とは何か。

　まずは日本国内の特殊事情をなるべく捨象し、HRテクノロジーの普及が進む北米を中心とした世界の潮流を紹介したい。

　前職や前々職に関連するご縁で、アメリカ国内で開催されるさまざまなExpoやカンファレンスに参加して最適な情報収集の機会を得てきた。

　人事をテーマとしたトークセッションも数多く聴講し、キーパーソンへの対面インタビューも行った。その後も常に最新情報にキャッチアップしている。

　そこで見聞きした情報を自分なりに整理すると、日本国内に限らず、世界中の人事が直面している課題は、主に次の6つである。

　1. エクスペリエンス（いい体験）の創出
　2. 人材獲得競争にさらされる
　3. ビジネス環境の急激な変化
　4. 旧態依然とした業務プロセスからの脱却
　5. コスト意識の高まり
　6. 自動化による効率化

１．エクスペリエンス（いい体験）の創出

「わが国は他の先進国に比べて労働生産性が低い」などと言われているが、**生産性を落とす最大の要因は、ジョブ（職務）と人材のミスマッチ**である。

このミスマッチをなくすためには、採用時に手立てを講じることが最も効果的で、ミスマッチをなくすことは「応募者体験」の向上にもつながる。それに「入口」の時点で既にミスマッチを生じているようでは、入社後の「持続可能な働き方」など望めるはずもない。

また入社後、従業員人材育成の観点からは、「スキルギャップ（現在の職務に求められるスキルと人材が保有しているスキルとの差）」を見える化したうえで、そのギャップを埋めることにより、従業員は常に結果を出しやすくなるため、結果的に「従業員体験」も向上する。これはそのまま、「持続可能な働き方」にもつながる。

２．人材獲得競争にさらされる

前述の 1. は、優秀な人材を獲得、維持するために不可欠とされる。「応募者体験」を高いレベルで提供できる企業は、応募者がそこで活躍できるイメージを描きやすく、志望順位の高さにもつながるため、採用競争力も高くなる。

同様に、「従業員体験」を高いレベルで提供できる企業は、従業員自身がそこで長期にわたり活躍できるイメージを描きやすく、人材維持（リテンション）にもつながるため、人材獲得における競争力も高くなる。まさに、「サステナビリティ」の視点である。

３．ビジネス環境の急激な変化

変化の波に巧く乗ることができれば、誰もがDisruptor（破壊者）になれる。裏を返せば、破壊者になれなければ、破壊される側になるしかない。

容易に破壊されるようでは、企業存在そのものがもはや「サステナブル」

ではない。このような状況下では「アジャイル人事」の実践が求められる。

具体的には、半期に一度、一年に一度という長いスパンでの「評価面談」を撤廃することに加え、育成の観点から、行動変容に向けた実践的なアドバイスを伴う「週に一度の1対1面談」「リアルタイムフィードバック」「いい行動を即座に称え合うピア・リコグニション（組織内でメンバー同士、同僚同士が「承認＝Recognize」し合ったり褒め合ったりする体制作りや仕組みのこと）」などの導入を例として挙げることができる。

このような手厚いサポートにより、まずは従業員側（の働き方、働く環境）を「サステナブル」な状態にする。このことが、変化に強い組織作りにもつながっていくのである。

4．旧態依然とした業務プロセスからの脱却

前述の3. への対応にも関連するが、従来の業務プロセスも見直す必要がある。ただし、新たな業務プロセスはゼロから考え出すものではない。定評ある人事管理システム、タレントマネジメントシステムなどを活用することにより、ベストプラクティスのプロセスを実現できる。これからは、生成AIを巧く人事業務の中で活用することも求められていくだろう。

さらに重要なのは、プロセスを回すだけではなく、蓄積されたデータを活用して、意思決定のベースにすることである。勘と経験だけに頼った人事から脱却し、「データドリブン人事」を実現するところまで含まれる。

5．コスト意識の高まり

コストセンターとしての人事、「従来型の人事管理（Management of Personnel）」だけの人事部門は不要と言われている。

「HRBP（HRビジネスパートナー）」「CoE（センター・オブ・エクセレンス：人事領域・機能において専門知識とベストプラクティスを集約、共有する中心組織。組織全体の効率性や品質向上、イノベーション促進などを目的として組成）」「シェアー

ドサービス（人事領域において中央集権的なサービス部門を設立。組織内の他部門や事業部にさまざまな人事サービスを提供。統一されたプロセス、ツール、リソースを活用して人事業務を効率化するための仕組み）」などの機能すべてを併せ持った「ソリューションセンター」に進化しなければならない。

より経営に近い立場で、「人」や「働き方」に関するすべての困りごと、相談ごとを一手に担うイメージである。

それにより、業績向上、イノベーション創出に積極的に貢献していく、新たな人事の姿が求められている。

さらに昨今では、ISO30414の中の「人的資本の投資対効果（Human Capital ROI）」に代表されるような、いくつかの人的資本開示項目（Metric）について定量的に測定し、それらを可視化・公表して、企業業績の向上に対する貢献をアピールすることも求められる。

6. 自動化による効率化

労働人口の減少が確実視される中、「人を増やせないなら、一人ひとりの生産性を高める必要がある」という考え方がある。RPA（Robotic Process Automation：ソフトウェアロボットを使用して、これまで人間が行ってきた定型的な業務や事務作業、ビジネスプロセスを自動化する技術）により、一部業務を自動化したり、生成AIの活用によって事務作業や検索・調査作業を大幅に省力化するのも1つの例と言える。

例えば、身上異動に伴う情報処理や、勤怠情報のレポート出力を自動化することが挙げられる。また、従業員からの定型的な質問に対してAIを組み込んだChatbotに自動回答させるケースも増えてきている。これらは前述の4.にも関連する。

自動化によって「手の空いた人員をどこに配置するか」ということも重要なポイントであるが、「組織開発」の分野に多くの優秀な人材を投入すべきだと言われている。

02 | 2023年までと2024年以降 のトレンド

リモートワークが当たり前になる

Josh Bersin（ジョシュ・バーシン：Josh Bersin Academyの創設者）によるトレンド予測レポートの内容を私なりに解説する。Josh Bersin氏は、人材管理、人材育成、組織変革に関する専門家であり、HRテクノロジー業界のアナリストとしても知られている。

人材管理における最新トレンドや、ベストプラクティスに関する調査・分析を行い、企業や組織が人材戦略をアップデートし、より効果的な組織を築くための情報を提供している。それらは企業経営者や人事担当者にとって重要な情報源となっており、人材管理分野の発展に大きな影響力を持っている。

まず、あえて「2021年のトレンド」の内容をベースにしているが、わが国においては、そのトレンドがちょうど今（2023年）になってやってきたと感じている。なお、レポートは下記からダウンロードできる。

（参考）HR PREDICTIONS FOR 2021

https://joshbersin.com/hr-predictions-for-2021/

本レポートの「前文」でも指摘されているが、「コロナ禍」でもたらされた最も大きな変化は、「在宅勤務」が例外ではなくなったことだと私は考える。「デジタルな世界で仕事」の最たる例は、ほんの一時期においてでも、ミーティングがすべてオンラインになったことだ。

ビジネス上の人との関わりは、slackなどのチャットとZoom上での打ち

合わせがほぼすべてになった。セミナーや勉強会も、ほぼすべてがオンラインになった。

これを「快適」と思わない人も多数いることは理解しているが、私自身はコロナ禍に遡ること二十数年前から「できることならこうなってほしい」と思い描いていたことが、奇しくも「禍」によって実現されたと感じている。特に何が「快適」なのか？ 例を挙げればキリがない。

- 満員電車に乗らなくていい。
- 集中モードで働いているか、手抜きをしてサボっているか、いちいち「上司」から監視されない。
- 好きなタイミングで、好きな店にランチに行ける。あるいは持ち帰り弁当を調達できる。
- 家族と長い時間を一緒に過ごせる。

世界的に「コロナ禍」も終息し、「オフィスへの回帰」といった「揺り戻し」も世界中で見られるようになったが、完全に元に戻るということはないだろう。なぜなら、「やろうと思えばできる」ということがわかってしまった以上、時と場合によって、あるいは個人の志向に応じて選択の余地を残すような「ハイブリッド型」にせざるを得ないからだ。

身に付けているスキルが問われる

また、本レポート前文で、2020年の最大のビッグワードは「レジリエンス」と紹介されているが、そのような「スキル」を持った者が最強である説は「VUCA（Volatility・Uncertainty・Complexity・Ambiguityの頭文字を取った造語で、社会やビジネスにとって、未来の予測が難しくなる状況を表す）」という言葉が流行り始めたぐらいから皆が薄々感じていたことだ。「何がどうなるかわからない時代」なのであれば、「何がどうなっても何とかやっていける力」を身に付けていることが最も重要なはずだ。1つのことに固執して

専門家然として安心している状態が最も危ない。

　キャリア理論で言えば、これからは「プロティアン・キャリア（自身の自己実現や幸福のため、環境変化に対して柔軟に成長していくキャリア形成）」の時代だ。私が理事を務めるHRテクノロジーコンソーシアムでも「プロティアンキャリア・ワーキンググループ」を発足させ、さらにはプロティアン・キャリア協会とは戦略的提携を行い、盟友関係にある。

リーダーシップが求められる

　さらに本レポート（Josh Bersin 2021）前文では「リーダーに対する従業員達の信頼度は、ここ20年間で最も高まっている」という調査結果について紹介されているが、2022年8月30日に内閣官房の新しい資本主義実現本部事務局から公表された「人的資本可視化指針」の中にも、企業価値向上の観点から開示が望ましいとされる項目の1つとして「リーダーシップ育成」が挙げられている。そのリーダーに対しての信頼度合いがどうかという点も含めて、今後ますます、「持続可能な働き方」の実現に向けた組織作り、企業運営をしているかどうかを見定めるための注目指標となるだろう。そして、リーダー達が従業員から信頼されるための必須要素として、「従業員の声に耳を傾けること」が挙げられている。従業員エンゲージメントサーベイの取り組みについて「Employee Voice」という言葉が当てられるようになったのも象徴的だ。

アジャイルに仕事に取り組むことが求められる

　本レポート前文では「アジャイル（機敏、迅速、活発）であること」の重要性も指摘されている。

　人事部門の担当者、中でも評価や報酬の制度設計に関わるメンバーはこれまで、とかく「アジャイル」とは逆の発想や行動特性を持っていたと言えるだろう。「失敗は許されない」といった前提からだ。

しかしながら「コロナ禍」を受けて、「アジャイル」なやり方も「やればできる」ということに気付いたはずだ。必要に迫られれば、否応なしに柔軟、かつ迅速な対応が求められるのである。

多くの日本企業も在宅勤務を推奨し、そのようなワークスタイルでも何ら支障ないようにさまざまな制度を整え、環境を整備することができた。

結果的に、人事領域におけるDX（デジタル・トランスフォーメーション：組織や企業がデジタル技術を活用してビジネスモデルや組織、プロセス、文化を根本的に変革し、競争優位性を確立すること）の実現につながったケースも多く見られた。

人材開発市場が拡大する

本レポート前文でもふれられているとおり、特筆すべきは、「L&D（Learning & Development, 人材開発）市場の爆発的な成長」だろう。もちろん、国内においてもこれは同様だ。

例えば、ユームテクノロジージャパンのプレスリリース（https://www.atpress.ne.jp/news/250178）によると、「2020年3月で約3,000社であった状況が、同年7月に約7,500社と倍増していることから、リモートワークが進んだことも導入を後押ししている」とされている。2021年においては「3月9日時点でUMU導入企業は、11,373社」、さらに「2023年6月時点で25,000社を超えた」とのことで、「コロナ後」も着実な成長を見せている。

エンゲージメントの向上が求められる

本レポート前文では「ラーニングの活用によりエンゲージメントも向上」と紹介されているが、これに関しては国内の調査結果が待たれるところだ。

グローバル全体の調査結果としてよく目にするもので、「EX（Employee Experience：従業員体験）を向上させる主な要素」「従業員のモチベーションや活力の源」として、ともに「学習と成長機会」が必ずと言っていいほど

挙げられることからすると、おそらく国内においてもラーニングプラットフォームのさらなる活用により、エンゲージメントが向上したであろうことが容易に推測される。

疲労度が高まる

本レポート（Josh Bersin 2021）前文の最後では、「多くの仕事がオンラインに移行したことによって人々は疲弊した」という負の側面にもふれられている。もちろん、リモートワーク環境はいいことばかりではないだろう。自宅では仕事が捗らず、むしろ生産性が低下したという人も多いかもしれない。

だとしても例えば、通勤の移動時間がなくなったことによる圧倒的な生産性の向上（時間の節約という観点）や、家族との時間が増えたり、自由に「サボれる（息抜きとも言う）」時間が増えたことによるウェルビーイングの向上といったプラスの側面もしっかりと捉えるべきだ。

リモートワーク環境だからこそ、これまで発揮できないでいたスキルを発揮するようになった人も多くいるはずだ。

ここまで「トレンド予測」の概要を紹介したが、以下では、いくつかのテーマに絞って詳細内容を紹介する。

1.「人材獲得競争」の再来

本レポート（Josh Bersin 2021）では「EMSI（現・Lightcast　https://lightcast.io/）とLinkedInによる最新の調査」として、「求人数は再び増加傾向にあり、経済的生産性のレベルも記録的なものとなっている」と紹介されているが、求人数の推移について日本国内ではどうだろうか。

やはり「コロナ禍」の影響は避けられず、2020年6月には一気に落ち込

んだ。厚生労働省が2021年10月29日に発表（プレスリリース）したところによると、「2021年9月の有効求人倍率（季節調整値）は1.16倍であり、8月より0.02ポイント上昇し、2か月ぶりの改善となった」とされたものの、その後、2021年12月28日の発表によると、「11月の有効求人倍率は1.15倍で、10月から横ばい。企業からの新規求人は2020年11月より12.3％増え、前年同月を8か月連続で上回ったものの2019年11月と比べると11.7％減少し、感染拡大前の水準には回復しておらず、さらに感染の再拡大が懸念され先行きは不透明」とされた。

　しかし、それからは着実に回復し、2023年5月30日に発表された同年4月の有効求人倍率（季節調整値）は1.32倍となり、前月と同水準であった。

　原材料の高騰の影響を受けて求人を見送る動きも見られ、有効求職者数も前月からは減少したものの、宿泊・飲食サービス業の求人は前年同月比で8.2％増加したとのことである。

人材獲得において注目される3つの力

　さらに本レポートでは「特定のジョブロール（職種）や地域によっては、人材に対する需要が膨れ上がり、あらゆる手段を講じての人材争奪戦が繰り広げられる」と予測されているが、中長期的に見れば、わが国においてもこの点は当てはまるのではないだろうか。

　例えば「IT人材の最新動向と将来推計に関する調査結果（平成28年6月 経済産業省 https://www.meti.go.jp/shingikai/economy/daiyoji_sangyo_skill/pdf/001_s02_00.pdf）」によると、「2015年時点で約17万人のIT人材が不足し」「2030年には、（中位シナリオの場合で）約59万人程度まで人材の不足規模が拡大する」とされている。

　ジョブ（職務）のトレンドとしては、前述の調査結果に現れているようなIT領域を始めとして、本レポート内の予測と同様「より専門的なスキルや経験が求められるものが中心となってくる」ものと思われる。

その一方で、本レポート（Josh Bersin 2021）において──「候補者自身の学ぶ力、コラボレーション力、その企業の『パーパス』（社会において、企業が何のために存在し、事業を展開するのかを示すもの）に対する共感度にかかっている」──とされているのが興味深い。この点、私はこのように解釈した。

- 基本的には、「学ぶ力」があれば、どのようなジョブにも対応できる。その都度必要とされるスキルを追加していけるからだ。

- 加えて、「コラボレーション力」があれば、自分の不得意とすることや足りないスキルがあったとしても、それを備えた他者との協働によって補えるので、さほど問題にはならない。

- 「パーパス」への共感度が高ければ、たとえ当初スキル面でのマッチ度が低くても、自発的にそのギャップを埋めようと努力するため、急速にマッチ度が高まっていく。逆に、「パーパス」への共感度が低ければ、いくらスキル面でマッチしていても、実際のパフォーマンスとしては発揮されない。

人材惹きつけ要因としてのパーパス

本レポート内では「人材を惹きつけて採用するといった場合には自社の『パーパス』を明確にしてわかりやすく伝えることが求められる」とされているが、この点については次のように補足をしたい。

──企業全体としてのパーパスを明確にして候補者に伝わりやすくすることももちろん大切だが、そのパーパスをジョブ・ディスクリプション（職務定義）レベルにも反映させて、職務内容もより明確にパーパスの色が出るような魅力的な表現に整えておくことも併せて必要だ。──

優秀な人材を維持するための内部異動の重要性

レポート内で「『内部異動（社内異動）』（Internal Mobility）をより重視するようになる」という点についてもコメントしたい。

これは私の持論でもあるが、内部異動を促進するためには、次のような思考プロセスで理解する必要がある。（→次ページ・図1-1）

i. 内部異動率を高めると、離職（特に優秀人材の）を防げる。

ii. 内部異動率を高めるためには、「水平方向の異動（Lateral Promotion, Lateral Assignment）」の比率を増やす。

iii. 水平方向の異動を増やすためには、従業員に「Career GPS（キャリアの道筋が可視化され、同時に自身のキャリア上の現在地も把握できるような状態を実現するための仕組み）」を持たせる。

iv. Career GPSを機能させるためには、「キャリアマップ」を精緻に整備する。

v. 精緻あるいは詳細な「地図」とは、何通りも「道筋」を辿れることであり、そのためには「現在地」と「目的地」それぞれの詳細情報（座標軸のようなもの）が必要。

vi. 「現在地」の詳細情報とは、各従業員の保有スキルの情報であり、「目的地」の詳細情報とは、職務要件の情報（これをスキルベースで表現する）である。

図1-1　Career Ladder と Career GPS

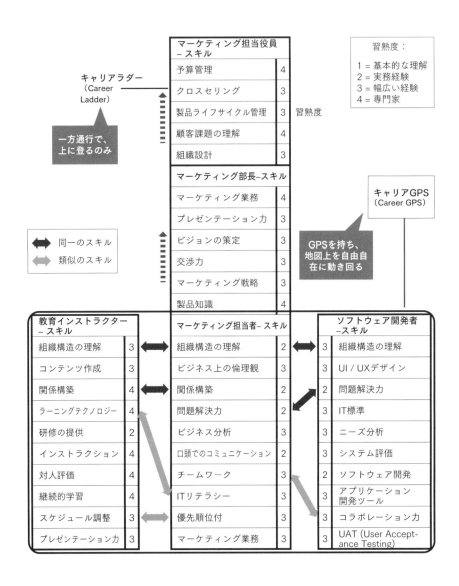

出典：著者独自・SP総研による

このような思考プロセスが腹落ちしたら、あとは実践あるのみである。まずやるべきことは、「**従業員側のスキル棚卸し**」と、「**職務要件の定義（ジョブ定義）**」である。

従業員体験向上のために不可欠な要素

さらに、本レポート（Josh Bersin 2021）では「若年層は必死で『Meaningful Work（意義を感じられる仕事、自分にとっての天職）』を探し求めている」と紹介されている。「Meaningful Work」と感じてもらうための大前提として「パーパス」をも反映させた精緻、かつストーリーテリングなジョブ定義が必要である。

他方、個人（従業員や候補者）の側でもスキル・コンピテンシー（行動特性）ベースでの自己理解（スキル棚卸し）をしておく必要がある。自己理解がなければ「天職」と思えるための基準がないからである。

ちなみに、「Meaningful Work」は「従業員エンゲージメント」や「従業員体験」を向上させるためにも不可欠な要素とされ、さまざまな調査研究レポートが発表されている。

（参考）

Meaningful work: The key to employee engagement

https://careerwise.ceric.ca/2021/07/28/meaningful-work-the-key-to-employee-engagement/#.YcrXeBPP23I

The Top 3 Employee Engagement Drivers

https://gethppy.com/employee-engagement/the-top-3-employee-engagement-drivers

２．生活様式としての「デジタル」

本レポート（Josh Bersin 2021）では、「『在宅勤務』が許されるかどうかについてはもはや議論の余地すらなく、人々はあらゆる場所で自由に仕事を

するようになった」とワークスタイルの変化に言及されている。一部で「職場回帰」の傾向も見られるが、完全に元の状態に戻ることはないだろう。

時間的・場所的な自由

　今だから言えることだが、私自身は二十数年前から（社会人2年目くらい）「あらゆる場所で自由に仕事をすること」を実践してきた自負がある。

　会社や上司に無断でオフィスを抜け出し、当時の「職場」近くの砧公園や日比谷公園や皇居の東御苑や、ありとあらゆる公園やカフェなどの中から自分にとって仕事をしやすい環境を見つけ出し、主に「集中」や「発想」を要する仕事をそこで行っていた。

「場所的自由」だけではなく「時間的自由」についても可能な限り追求してきた。満員電車は極力避け、自主的に（勝手に、無断で）時差通勤なる言葉が登場する前から実践してきたものだ。

　それが何とここへきて、大っぴらにそのような働き方を実践できるようになった。「コロナ禍」がもたらした最大のプラスの功績だ。

　そのような働き方の実践、あるいはそのような働き方を許すことに懐疑的だった者、否定的だった者も半強制的に在宅勤務を実践することになり、やってみたら「なかなかいい（特に時間効率や生産性の面で）」と気付いた。

　さらに、起業して完全独立してから痛感したのが、本レポート（Josh Bersin 2021）でもふれられているような「仕事のあるところに自分が行くのではなく、仕事が自分の手元にやって来る」という状態がどれだけ有益かということだ。

　企業に所属してその一員として働いている時には、大阪や名古屋へのちょっとした日帰り出張も、あるいは（私の居住地でもある）東京23区内の移動についても気分転換になったし、移動にかかる費用はどうせ会社持ちであるし、基本的にはウェルカムであった。正味たったの60分弱くらいのミーティングのためにわざわざ大阪まで6時間程度かけて往復移動する

ことに無駄を感じることはあったが、その無駄な時間も込みで報酬を受け取っているわけだし、もしかしたらそれも仕事のうちだと簡単に割り切ることもできて、自分にとってマイナスなことはほとんどなかった。

　ただ、独立してこれらの時間的・金銭的負担がすべて自分にかかってくるとなると話は別だ。気分転換の効果は捨て難いが、必ず何らかの成果につなげたいと思うし、すべてにおいて費用対効果を考えることになる。「仕事が自分の手元にやって来る」ということの1つの意味は、移動時間が不要になるということだ。移動時間を要してまで会うべき人には会うし、赴くべき所には喜んで赴くが、少なくても厳正な「選別」が行われることになる。もちろん相手方からも選別されることになると思うが、先方から「来てくれ」と言われても、「その価値なし」と自分から思えばいくらでも適当な理由を付けて断りやすくなった。

　もう1つの意味は、単に物理的な移動が不要になるだけではなく、身体を使って必死でオポチュニティ（案件の機会）を探しにいかなくても、自宅にいながらも次々と「いい話」が舞い込むようになった。「こういう大事な話は、まずは会って話そう」とか「まずは実際に人となりを見定めてからでないと重要な話はできない」という長年の慣習、「縛り」が取っ払われたため、いきなりほぼ初対面の人と超重要、かつ具体的なビジネスの話をオンラインミーティングでなされるようになったからと捉えている。

　もちろん、リアルで対面してみなければわからない「人となり」というのもあるのだとは思う。しかしそれは、本当に時間的・金銭的コストをかけてまで効果があることかどうか疑問である。オンラインで対話しても見極められない重要部分の果たして何割ほどが、実際に会ってみないと判断できないことなのだろうか。逆に、オンラインの場で相手に対して魅力を伝えられないのならば、本当にリアルで対面しさえすれば、それを大きく挽回できるものだろうか。私は大いに疑問を感じている。

求められるデジタルリテラシー

働き方についても「デジタルトランスフォーメーション（DX）がついに本格化」ということだが「デジタルワークエクスペリエンス」と呼ぶかどうか。

また、本レポート（Josh Bersin 2021）中ではかなり持ち上げられているMicrosoft Teams（振る舞いの重さのため私は好きではない）が、そこまで使いやすい製品であるかもさておき、前述のように私が「過去の告白」をしたようなワークスタイル、ワークエクスペリエンスを、これからの人事は決して禁止するのではなく、リードしていかなければならない。

これができないような組織からは、若手層を中心に優秀な人材が確実に離れていくだろう。

従業員個人の観点からは、このような環境の獲得のために積極的に働きかけを行うべきだ。

人事がリードしていくにあたってネックになるのが、デジタルリテラシーだ。他の多くのビジネスファンクションに比して、人事領域の方々はITやデジタル技術に弱い印象がある。さまざまなことを勘と経験任せにしてきて、むしろそれをよしとされてきたからだろう。

人事の中から変われないのであれば、マーケティング部門からテクノロジーやデータに強いメンバーを連れて来ることをお勧めする。

IT部門との連携を主導権を握りながら行うビジネスセンスも求められるため、まずはマーケティング部門、続いて営業部門からの抜擢がお勧めだ。

また、HRテクノロジーコンソーシアムから提供されているような「人的資本経営のためのHRテクノロジー基礎」といった教育講座も活用して、ぜひともいいHRテクノロジー、人事ソリューション、その他のデジタルツールを選定するための足がかりとしていただきたい。

（参考）HRテクノロジーコンソーシアム　資格・認定講座

https://hr-technology.or.jp/courses/

３．企業戦略としての「従業員体験」

　本レポート（Josh Bersin 2021）では、「『従業員体験』に関する取り組みは多岐にわたり、全社的なプロジェクトとして行うべき」と指摘されている。もちろんそのとおりであるが、いくつかの具体例が挙げられている中でも特に「人材開発」と「キャリア支援」に注目したい。

「従業員体験」の押し上げ要因

　グラフが示すとおり「従業員体験」に対して最もインパクトを与える要因として「Meaningful Work（意義ある仕事）」が挙げられる。「Meaningful Work」というのは「この仕事は自分にとっても、社会にとっても意義深い」と感じている状態で、「天職」と思えている状態とも言え、「ジョブマッチ」していることが前提となる。そして「ジョブマッチ」するためには「人材開発」と「キャリア支援」が不可欠というロジックだ。

図1-2 「意義ある仕事」と思えることが「従業員体験」の最大の押し上げ要因

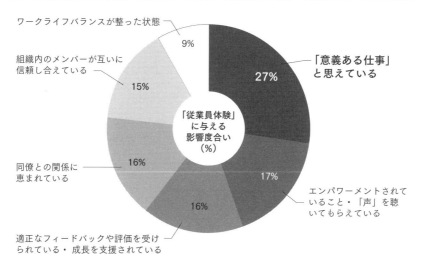

出典：IBM Corporation（"IBM"）and Globoforce Limited（"Globoforce"）2017「The Employee Experience Index around the globe: How countries measure up and create human workplaces」
https://www.ibm.com/downloads/cas/0O6GXMQE　　（図内は著者翻訳による）

参考までに、より最近の調査研究レポートの例として、下記も参照していただきたい。

（参考）：Employees value salary, benefits and company leadership, but meaningful work drives job satisfaction more than ever.By Brian O'Connell March 23, 2019

https://www.shrm.org/hr-today/news/all-things-work/pages/the-search-for-meaning.aspx

人事部門の役割変化

　さらに本レポート（Josh Bersin 2021）では、「2021年以降は、組織横断的なEXチームが必要となるだろう（EX=Employee Experience：従業員体験の略）」と述べられている。

　この点、単に「領域が多岐にわたるから」という理由のみならず、ありとあらゆるニーズに応えていく必要があるから、もはや、人事部門は「サービス・デリバリー・センター」というべきものに生まれ変わらなければならないという点に注目している。

　もちろん、生まれ変わるのではなく新設させてもいいだろうが、いずれにしても、これまでのような「人事の頭（発想）」であっては到底叶わないことだ。従業員個人の観点からも、人事部門に対してそのような役割を期待し、強く要求していくべきだ。

　また、「予兆を察知してから実際のアクションを取るまでの時間を極力短くすること」まで求められるとのことだが、「リアルタイムに分析し、具体的なアクションを実行する適任者にその情報を届ける」ということとも連動すると考えている。

　ちなみにレポート中では、サーベイ（調査）などの実施により、さまざまな「シグナル」を集めてリアルタイムに分析し、具体的なアクションにつなげるまでの一連の流れのことを「連続応答（Continuous Response）」と呼んでおり、図1-3にあるとおり、EXのあり方として最も進化した形とされている。

図1-3　Employee Experience 4.0とは

従業員体験（EX）の進化

EX1.0	EX2.0	EX3.0	EX4.0
年次の エンゲージメント サーベイ	パルスサーベイ （モバイル端末 からもアクセス可能）	インテリジェント・ ダッシュボードと アクションプラン	「連続応答」と アクション プラットフォーム
1年に1回。 マネジメント （管理）に フォーカス。 1年に一度、 定点観測される。 毎年毎年、 固定的な質問が 繰り返される。 ベンチマークに フォーカス。	必要に応じた、 アジャイルな スタイルのサーベイ。 定期的に、 日常的に実施。 モバイル端末や アプリ上での フィードバック。 AIによるアクション プランの提示。 即時の フィードバック。 フィードバックに フォーカス。	さまざまなソースか らのデータを活用。 ダッシュボード 画面からナッジの 仕組みも活用し、 個人に向けて取る べきアクションや、 受講すべき ラーニングメニュー などを提示する。 これらは、 従業員体験の向上に 役立つ。 個人の行動変容に フォーカス。	アラート機能や フィードバック、 あるいは具体的な 事例の情報と、 社内のさまざまな システムとを 結びつける。 さらには顧客体験 向上のための システムとも連動。 具体的アクションに フォーカス。
サーベイを行うための テクノロジーが ポイント	完全モバイル対応で、 使いやすさが ポイント	データの活用と ラーニングの提示が ポイント	複雑で緻密な アクションと アラートがポイント

出典：Employee Experience 4.0: Shortening The Distance From Signal To Action
BY JOSHBERSIN · PUBLISHED NOVEMBER 13, 2020 · UPDATED MARCH 9, 2021
https://joshbersin.com/2020/11/employee-experience-4-0-closing-the-loop-from-signal-to-action/（図内は著者翻訳による）

　ここまでのことをやるのは、これまで対顧客サービスの世界では当たり前とされてきた。それをこれからは対従業員に対しても行う必要があるという話である。従来のまま「人事の頭（発想）」がなかなか変わらないのであれば、対顧客サービスを専門に担ってきた人材（営業やマーケティング、カスタマーサービスの最前線の人材）をこのポジションに配置すべきだ。

　また、レポート中の当該項目の後段でも再び「EXは日々の仕事のみならずキャリアや人生全般にも関係してくる」と述べられており、キャリア支援がいかに鍵を握るかの重要性が改めてうかがえる。

4.「従業員の声」を聴くこと
コミュニケーションの重要性が増す

1対1面談の重要性

　本レポート（Josh Bersin 2021）では、コロナ禍を受けてテレワークやリモートワークといったワークスタイルが「ノーマル」となったことで、よりいっそう「頻繁なコミュニケーションが求められた」とされている。

　さらに、「コミュニケーション、従業員の声を聴くこと、信頼のおけるフィードバック、従業員のさまざまな問題に対してアクションを取っていくことが、最も重要なリーダーシップであり、人事部門の中でも最も重要な業務である」と紹介されているが、これらすべてを最も効率的、かつ効果的に行うための場として、改めて「1対1面談」に注目すべきではないだろうか。

　もちろん、ここでもZoomなどを活用したオンラインによる実施が中心になるだろう。現場のリーダー達、人事部門の中でも特に組織開発を担当する者達は「1対1面談の高度化」を目指して、さまざまな施策を実行するべきだ。この「1対1面談の高度化」とは、

- コミュニケーションを単なる雑談で終わらせず、必ず「キャリア」に関する話題も含める。
- 従業員（メンバー）の声を聴くにあたって、まずはその人の強みや特性を相当程度把握していることを前提とする。
- 信頼のおけるフィードバックと言えるからには、必ず何らかの科学的な裏付け、エビデンスデータに基づいたものであること。
- さまざまな問題に対してアクションを取る際には、可能な限り「個別化（パーソナライズ）」された内容であること。

などのすべてを実現することを意味する。これを実現するには、まずはメ

ンバー全員が自身のパーソナリティなどを把握するアセスメントの活用や、自らの仕事上の強みを理解する「スキル棚卸し」を行い、同時に、「キャリアの道筋」を示すのに不可欠となる「ジョブ定義」を事前に行っておく必要がある。

DEI促進に必須のスキル

また本レポート（Josh Bersin 2021）では、――「DEI（Diversity, Equity & Inclusion：多様性、公平、包含）に関する大規模な研究から、『聴く力』と『従業員の懸念に対してアクションを取る力』が、今のところ最も重要な成功要因である」――と述べられている。

この点について、ＳＰ総研が提供している「セルフジョブ定義サービス（→139ページ）」によって数多くの企業を支援してきた私の経験を踏まえてそれらを「スキル」に置き換えると、

- 傾聴力
- ニーズ分析
- 従業員の成功の手助け

の３つがDEI関連の施策をリードする者には必須であると言えよう。

アクション・プラットフォームの必要性

最後に、本レポートの後段では、「仕事や職場に関することで言えば、従業員が最も価値ある情報源である」から、リーダー達は彼らの声に耳を傾ける必要があり、その声を分析するための基盤としては、単なるサーベイツールではなく、「アクション・プラットフォーム」を活用するのがトレンド化していると述べられている。

具体例として、「MicrosoftのTeamsやFacebookのWorkplace、WebEX、

Zoom、ServiceNow、その他のコラボレーションツール、ビデオ会議ツールのようなプラットフォーム」が挙げられているが、ここでは、entomo（https://entomo.co/jp/）を紹介したい。

entomoは、表向き「最先端のパフォーマンス管理ソフトウェア」ということになっているが、

- チーム内の参加を促進するエンゲージ（engage）機能
- 個人やチームの目標達成に必要な具体的アクションをパーソナライズして教えてくれるナッジ（nudge）機能
- どのように環境が変化しようとも、自らキャリアを切り拓いていける「タレントレジリエンス」を備えるために役立つグロウ（grow）機能

なども兼ね備えた、非常に完成度の高い「アクションプラットフォーム」である。

本レポート（Josh Bersin 2021）は、「これらのプラットフォームは従業員同士のコミュニケーションやコラボレーションのためには重要である」と締め括っている。

5. ウェルビーイングと職場の安全性が 経営マターに

本レポート（Josh Bersin 2021）では「従業員の健康、ウェルビーイング、安全衛生については、今や企業文化として組み込まれている」ということであるが、コロナ禍を受けて、職場の安全性確保や従業員の健康面のサポートに関して、各企業がそれぞれ具体的施策を打ち出し、それらの中で特に独自性が高いものについては、企業文化を表す重要要素にまでなっているということであろう。

図1-4　ウェルビーイング戦略の成熟モデル

レベル4：社会的利益のためのウェルビーイング
価値：社会善の推進力としての組織、持続可能性、
　　　健康、地域社会への貢献
フォーカス：職務外での社会への貢献、地域社会、
　　　　　　政治協力

レベル3：業績向上のためのウェルビーイング
価値：職務上の無駄な時間と無駄な労力の削減、スケジュール面
　　　や仕事の優先順位付、さらにはマネージャ育成における従業員
　　　支援
フォーカス：持続可能なパフォーマンス、人材育成、キャリア支
　　　　　　援、職務上の総合的なパフォーマンス

レベル2：「個」の状態の改善としてのウェルビーイング
価値：ワークとライフをともに改善、ストレスの低減、個々のウェルビーイング
　　　と財務面でのウェルビーイングの両面で従業員を支援
フォーカス：従業員個人と、その家族に対する（財務面を含む）支援、従業員教
　　　　　　育、職務上のみならず職務外における支援

レベル1：健康管理に関する福利厚生としてのウェルビーイング
価値：コスト削減、離職防止、社会保険費用の低減
フォーカス：疾病、傷病の低減、事故の防止、人員の全般的な健康

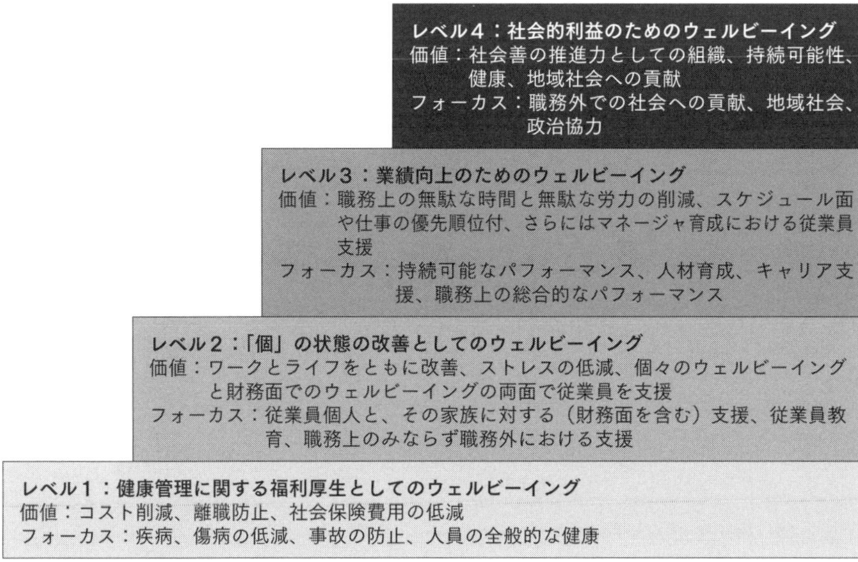

出典：Josh Bersin's HR PREDICTIONS FOR 2021
https://joshbersin.com/hr-predictions-for-2021/（図内は著者翻訳による）

ウェルビーイング施策の具体的ステップ

「ウェルビーイング施策は当初、福利厚生担当者から提供される福利厚生メニューとしてスタートしたが、今日では企業戦略上のど真ん中の施策になった」とも述べられているが、これはちょうど図1-4「ウェルビーイング戦略の成熟モデル」で説明できる。

　まずスタートとなるのは「**レベル1**」で、まさに福利厚生メニューとしてのウェルビーイング施策の段階である。コストを抑えること、離職を防止することを目指し、傷病を未然に防ぐことにフォーカスする。

　次は「**レベル2**」で、個々人の状態を改善・向上していくためのウェルビーイング施策の段階である。ワークライフバランスの状態を整える、ストレスを低減させることを目指し、従業員個人やその家族、場合によって

はそれらの財務面のサポートや教育にもフォーカスされる。「レベル1」と「レベル2」の共通点としては、いずれもやらなくてはならないことであり、それなりのコストもかかるが、「コストに見合ったリターンがどの程度あるのかわかりにくい」ということではないかと理解している。

これに対して「**レベル3**」は、業績の向上に必ずつながるウェルビーイング施策である。無駄な時間の削減や、職場における活力を引き出すこと、仕事の優先度付けやマネジャー教育などがその具体例で、持続可能な状態でパフォーマンスを発揮させること、さらにはキャリア支援にもフォーカスが当てられる。これらはいずれも職場全体のパフォーマンス向上を目指すもので、業績向上につながることが明らかであるため、経営陣からのサポートも受けやすい。ちなみに、HRテクノロジーが最も効果を発揮するのも、この「レベル3」に掲げられている各施策の実行によってである。

さらに「**レベル4**」になると、社会的利益増大のためのウェルビーイング施策となり、もはや一企業の枠にとどまらず、社会に対する善行のための組織作り、持続可能な社会の実現、社会全体への価値提供を目指して、職場外での社会活動、地域社会への貢献活動、政治との連携活動などの支援にフォーカスされる。

ステークホルダー資本主義とウェルビーイング施策

この点、本レポート（Josh Bersin 2021）では――「さまざまな企業において『私達は株主だけでなく、社会や従業員を支援するためにここにいます』といったようなインクルーシブで社会志向のミッションステートメントが打ち出されており、ビジネスにおける新たなテーマとなっている」――というトレンドも紹介されている。これは近年世界中で注目を集めている「ステークホルダー資本主義」の考え方とも一致していると言える。

わが国の岸田政権（2023年時点）が掲げる「新しい資本主義」の源流も、この「ステークホルダー資本主義」にあると言って間違いないだろう。

米国の主要企業が名を連ねる財界ロビー団体である「ビジネス・ラウンドテーブル」は、2019年8月19日に「企業の目的に関する声明」と題した公開書簡を発表した。

（参考）https://www.businessroundtable.org/business-roundtable-redefines-the-purpose-of-a-corporation-to-promote-an-economy-that-serves-all-americans

「米国の経済界は、株主だけでなく顧客や従業員、そしてサプライヤーや地域社会など、すべてのステークホルダーに経済的利益をもたらす責任がある」といった内容である。

　この声明には、当該団体の会長を務めるJPモルガンのジェイミー・ダイモンCEOを始め、180を超える主要企業のトップが署名した。

　さらにこれを受け、2020年1月の世界経済フォーラム年次総会（いわゆるダボス会議）が、「ステークホルダーが作る、持続可能で結束した世界」というテーマを掲げ、当該フォーラムの創設者クラウス・シュワブ会長は「ステークホルダー資本主義の概念に具体的な意味を持たせたい」と語った。

（参考）https://jp.weforum.org/events/world-economic-forum-annual-meeting-2020

　なぜ、「ウェルビーイングと職場の安全性」が経営マターになっているのであろうか。それはもはや株主に対してだけいい顔をしたり、利益のみを追求するだけでは社内外含めたあらゆる人々の共感を得られず、それはそのまま投資が集まらないことを意味しており、人も金も集まらなくなれば、企業経営はたち行かなくなることが明らかだからだろう。

　本レポート（Josh Bersin 2021）の最後にも「ウェルビーイング戦略はESGや社会的責任に関する戦略と密接不可分である」という指摘があるとおり、SDGs、ESG経営、CSRなど、今をときめくあらゆるビッグ・ワードそれ

ぞれを横串で刺して相互に作用し合い、相乗効果を生む源泉とも言うべきものが「ウェルビーイング」なのだろう。

6. スキル重視は「ケイパビリティ（組織能力）」の戦略的重視につながる

基盤としてのラーニング

　本レポート（Josh Bersin 2021）では、――「どのような『ジョブ』を担当するにしても『継続的学習（Continuous Learning、Lifelong Learning）』というスキルが必ず求められる」――と指摘されている。これに、「人材開発（Talent Development）」も加えて、全従業員に身に付けさせたり、レベルアップを促すことを経営上の戦略的目標にすべきとも主張されている。

　そのためには「ラーニングカルチャー（個人の学習を奨励、促進する企業文化）」の醸成が必要ともされている。

　また、「ラーニングカルチャーを有していなければ、業績は低下するだろう」とも述べられているが、これは、前述のとおり、「ウェルビーイング戦略の成熟モデル（→47ページ・図1-4）」の「**レベル3**」の取り組みを行うと業績向上につながるということの裏返しとも言えるだろう。

サービス領域に求められるスキルとは

　次に本レポートでは、「AI、テクノロジー、データ」の分野でのスキル開発に注目が集まりがちではあるが、現実的にほとんどの人が携わるのは「サービス領域」であり、この領域のジョブに求められるスキルとして次のようなものが挙げられている点が興味深い。

- 傾聴力
- コミュニケーション力

- 時間管理

- 優先順位付け

- コーチング

- コラボレーション

- "Learning to Lead"（指導することを学ぶ力）

これらを「パワースキル」と呼び、「今後さらに重要性を増すため、スキル開発を行って浸透させる戦略を立てる必要がある」とされている。

日本企業が重視するスキル

この点に関して、面白い国内事例を紹介しよう。ＳＰ総研が提唱する「**セルフジョブ定義**（→139ページ）」については、これまでにもふれてきたが、この手法により、これまで（法人設立後3年も経たずして）50社を超える企業のジョブ定義、スキル棚卸しをしている。

その中でも特に、数社のグローバル系製造業を支援する中で明らかになったのは、「部課長」クラス以上のジョブ（職務）においては、前述の「パワースキル」の中の「**傾聴力**」「**コミュニケーション力**」「**優先順位付け**」、さらに冒頭で挙げられている「**継続的学習**」「**人材開発**」の5つのスキルは、かなりの割合で再現性高く登場することである。

つまり、これらのスキルが重視される傾向は、日本国内の純然たる日本企業においても、ほぼ同様であることが実証されたと言っていい。

スキル開発を進める要素

本レポート（Josh Bersin 2021）では「スキル開発を行って浸透させるための戦略を立てることが必要」とされているが、この点については具体的にどのように進めていけばいいのだろうか。

ここでもHRテクノロジーの活用が不可欠であると考えている。

「ぜひ参考にすべき」という観点でお勧めのソリューションを紹介しよう。それは、IBMが独自開発したAI「Watson」を駆使した学習プラットフォーム「Your Learning」である。これは私が個人的に、「これがHRテクノロジーのお手本中のお手本」「HRテクノロジーを使って何か1つだけやれと言われたら、絶対的にここを目指すべき」と感じているものである。

ちなみに私は、日本IBM在籍中に、このソリューションのクライアント企業への紹介・拡販に微力ながら関わっていた。

では、そのソリューションはどのような特徴を有しているのか。その説明に代えて、本ソリューションの紹介目的で書かれたIBMのTHINK Blog Japanというブログ記事の中から、名言・金言とも言うべき箇所を抜粋して紹介することにしよう。

——今、そして未来の事業戦略に必要なスキルを迅速に、なおかつ確実に身に付け、常に最新の状態に保つためには…（中略）…従来型のLMS（Learning Management System）ではこの課題を解決することができませんでした。常に学び続けるには、飽きることなく学びに取り組める環境の整備が必要です。そこでIBMでは、一人ひとりにパーソナライズされた学習の推奨に基づき、社員が場所を問わず、楽しみながら能動的かつ継続的に学ぶことができる、“体験”を重視したデジタルプラットフォーム、LXP（Learning Experience Platform）の構築を目指し、2016年にYour Learningを導入しました。学習は一時的なものでなく継続的なプロセスであり、常に成長のためのGrowth Mindsetを持つことが重要（後略）——

出典：日本IBM THINK Blog Japan 「Your Learning」
https://www.ibm.com/blogs/think/jp-ja/watson-your-learning/

イメージは掴んでいただけただろうか。絶対的に不可欠な要素は次のとおりである。

- パーソナライズ（個別化）

- 場所を問わず

- 能動的かつ継続的

- 「体験」を重視

　なぜなら、「**パーソナライズ**」と「**場所を問わず**」という仕掛けにより「体験（ラーニング体験、従業員体験）」が確実に向上し、「体験」が向上すれば自ずと「能動的かつ継続的」な学習が促される好循環を生み出すからである。

現場からの積み上げ方式によるケイパビリティ（組織能力）の可視化

　再び元のレポート（Josh Bersin 2021）に戻ると、「企業のための『ケイパビリティ戦略』を構築すること」の重要性についても言及されている。

　別の表現で、「ビジネスを推進するために必要な主要ビジネスケイパビリティを文書化するための分類法を確立すること」とか「成功を促進するビジネスケイパビリティの優先順位付け」とも言われているが、要は本レポートの最後に述べられているとおり「すべての人が必要とする、すべてのスキルを見つけて推奨するような仕組み作り」を行って「ケイパビリティ開発を将来の『戦略的な』事業戦略にすること」が最も重要である。

　具体的に何を行えばいいのかという点については、前述のうち「成功を促進するビジネスケイパビリティの優先順位付け」が最もわかりやすい。

　つまり、「セルフジョブ定義」のようなボトムアップ型のジョブ定義、もしくはスキル棚卸しの活動を地道に行うことにより「**自身が負っている任務と職責を高パフォーマンスで遂行するにあたって、どのようなスキルを優先的に身に付け、レベルアップを図っていけばいいのか**」を明らかにしていくということである。

　現場のメンバーレベルでこのような情報が可視化されていけば、それらの「積み上げ」で組織全体としての「成功を促進するビジネスケイパビリ

ティの優先順位付け」につながっていく。そして、これらの情報が集まれ
ば集まるほど「すべての人が、自身にとって必要とされるすべてのスキル
を見つけて、その修得が推奨されるような仕組み作り」にも寄与すること
になる。

ケイパビリティとスキルの関係性

　ここで、「**ケイパビリティ**（Capability）」と「**スキル**（Skill）」の違い、ある
いは関係性について確認しておこう。Josh Bersin 氏によると、「**ケイパビ
リティとは、ビジネス指向のスキルセット**」である。そして、「**ケイパビリ
ティは、スキルよりも広くそして深い概念**」である。これを前提に、次の
ような例を挙げている。ケイパビリティの例としては「採用ブランディン
グ（の構築）」を挙げることができる。「採用ブランディング（の構築）」のた
めには、次のような（広義の）スキルが必要となる。

- マーケティング
- データ分析
- ストーリーテリング
- リーダーシップ
- コミュニケーション

出典：The Global HR Capability Project: A New Approach to Accelerating HR Capabilities
https://joshbersin.com/wp-content/uploads/2021/02/Accelerating_Capabilities_HR_v3.pdf

　つまり、「**1つのケイパビリティは、多くのスキルによって構成されている**」
のである。なお、前述のレポートに関連する説明動画もあり、その中では
次のようにもっと簡単に説明されている。
　「ピアノを弾ける」というのがケイパビリティであり、ピアノを弾くため
には足元にある3つのペダルの使い分け、左右の指の使い分けも含めた、

いわゆる「運指」、楽譜の理解といった数々のスキルが求められる。

（参考）Understanding Skills vs. Capabilities: The Global HR Capability Project

https://www.youtube.com/watch?v=6inuYBrIc9w

　また、テクノロジーとしてこれらの仕組みを支えるのは、Workdayや CornerstoneOnDemandに代表されるような、ラーニングの世界から真の タレントマネジメントの世界へつないでいくことを得意とするような具体 的なツールである。（詳細については次を参照）

（参考）

Workday

https://www.workday.com/ja-jp/products/talent-management/learning.html

CornerstoneOnDemand

https://www.cornerstoneondemand.com/jp/solutions/learning-and-development-lms/

　つまり、ラーニング（LMS=Learning Management System：学習管理システム にとどまらず、LXP=Learning Experience Platform：学習体験プラットフォーム）の 要素と、タレントマネジメントの要素の両方を機能としてバランスよく実 装したタイプの人事ソリューションの活用をお勧めする。あるいは、先に 紹介した「Your Learning」のようなLXPと他のタレントマネジメントシス テムとの連携によって同様のことを実現してもよい。

スキル情報のアップデート

　最後にもう一点だけふれておきたいのが、本レポート（Josh Bersin 2021） 中で——「成功を促進するビジネスケイパビリティの優先順位付け」の作 業については「毎年のように結果を再検討し、『リストが収拾がつかなく なる（あるいは使い物にならなくなる）』という事態を防ぐ必要がある」——と されていることについてである。

スキルというのは、毎年新たなものが登場するし、場合によっては「陳腐化」や「斜陽」という現象も起こり得る。

「人」を起点に考えた時も、その人にとって必要なスキルは、その本人の希望次第で変わり得るし、習熟度の変化という影響も受ける。

「ジョブ」を起点に考えた時、組織戦略の変更に伴って、それぞれの「ジョブ」に求められる内容も変わってくる。

したがって、「毎年のように再検討しなければならない」というのは決して大袈裟な表現ではない。しかも、これらはすべて「人間技（テクノロジーによる自動化は現時点では不可能という意味）」で行わなければならない。

だからこそ、「ジョブ定義」や「スキル棚卸し」は現場主導（「セルフジョブ定義」のような手法により）で行うべきなのである。

これらを人事主導でやった場合には、「作り手」と「使い手」が乖離しているとも言え、「頻繁な更新」が疎かになることは明らかだろう。

7. ラーニングと人材開発領域における 創造的破壊

本レポート（Josh Bersin 2021）では、「今後、この市場（ラーニングと人材開発）においては信じられないくらいの創造的破壊が起こる」「ラーニング市場は、今後ますますホットスペースになることが予想されるため、時間をかけてプロジェクトを立ち上げ、ラーニングと人材開発の基盤作り、コンテンツ、および組織戦略についての3年から5年スパンの堅実なロードマップを作成することをお勧めする」と述べられている。

ここで「ラーニングと人材開発の基盤作り」という点に関しては、やはりラーニングの世界からタレントマネジメントの世界へとシームレスにつないでいってくれるようなタイプのソリューション活用をお勧めしたい。

具体的に実現したいのは次のようなことである。

A．まず自分はどのようなことを学べばいいのかについて、「Things to Know（いま、知るべきこと）」や「Things to Do（いま、するべきこと）」のような形でシステムからアクションのレコメンドがくる。それらの中には特定のラーニングの受講も含まれている。

（具体例）「現職はマーケティングマネジャー、次にやってみたいのは採用マネジャー」と、自分の手でシステムに登録してある。これらの情報を基に、「採用マネジャーにそのまま使えるスキルもたくさんあるが、追加で身に付けるべきスキルもある。例えば…」「そのスキルを追加で身に付けるために最適なラーニングコンテンツがある。例えば…」というお知らせが個別にチャットで届く。

B．それらの中から、自身の興味に合致するものを選択して受講の申し込みをする。

（具体例）採用マネジャーとして関わることになる採用活動の中には候補者との面談も含まれる。その際、相手の話をじっくりと聴く力や聴く姿勢が求められるため「傾聴力」というスキルに関する「アクティブリスニング中級」というラーニングコンテンツがシステムからレコメンドされてきた。もともと興味を持っていたスキルでもあることから、すぐにエントリー（受講申し込み）を同じシステム上で行う。

C．受講開始前に、自身の保有スキルについて情報入力が求められ、それに応じてスキル情報の最新化を行う。それが、受講可否の判断基準にもなる。

（具体例）他に保有するスキルの組み合わせ情報から何らかの理由（例えば、同組織内の他者のこれまでの受講傾向のデータなどの分析結果から）で「アクティブリスニング中級」のコンテンツがレコメンドされたが、「傾聴力」のスキルレベルを改めて「レベル1（初級）」と設定したところ、「アクティブリスニング初級」の受講資格しかないことがわかった。

D．実際に受講し、内容を理解したことの認定を受けるための「確認テスト」を受ける。

（具体例）「受講開始」ボタンを押すと自動的にラーニングシステムへと画面遷移し、ログインし直すことなしにスムーズに受講できた。すべて視聴を終えると、理解度を確認するための質問が数問出てきたため、それに回答した。

E．「確認テスト」に合格したら、特定のスキル認定が行われてスキルが付与され、同時に、受講修了を表す「バッジ」がシステム上で発行される。

（具体例）全問正解だったため画面上に「修了証」が表示され、修了資格を証明するための「バーチャルバッジ」が発行された。新たなバッジが「バッジ保有リスト」に追加されるとともに、保有スキルの情報も更新され、「傾聴力」というスキルが「レベル1」で設定された。

F．ある程度のスキルやバッジが集まると、それに応じて新たな「ジョブ」「ポジション」「プロジェクト」などのアサインに関するレコメンドがくる。

（具体例）その後も次々とシステムからのレコメンドにしたがってラーニングの受講を進め、バッジの種類も豊富になって保有スキルも充実してきた。「採用マネジャー」が空席ポジションとなったため、このポジションへのエントリーを促された。と同時に、「企業ブランディング向上プロジェクト」の発足のお知らせとともに、プロジェクトメンバーとして参加資格があることも通知された。

G．例えば、その中から興味ある「ポジション」を1つ選択すると、そのポジションに求められる「スキル要件」が表示されるとともに「スキルギャップ」の状態も可視化される。

（具体例）またとない好機であるため「採用マネジャー」にエントリーをす

ると、「マッチ率」が75%と表示された。これは自社内の「社内公募基準」は十分に満たしているが、25%分のギャップを可能な限り埋めておきたい。そこで、「採用マネジャー」に求められるスキルを、改めてシステム上で確認した。

H.「スキルギャップ」を埋めるために適切なラーニングがリストアップされる。

（具体例）スキルギャップが把握できたため、それらのギャップを埋めるために最適なラーニングコンテンツも一覧表示された。

I.それらのラーニングプログラムを受講してスキルをアップデートさせていくことにより「スキルギャップ」が埋まり、「異動可能性」が高まる。

（具体例）「採用マネジャー」に対してのスキルギャップをなるべく解消する目的でいくつかのラーニングを受講して、新規スキルの獲得や既存スキルのレベルアップを図ったところ、結果として「Future Role（将来的に異動可能とされるポジション）」の数や種類も増えた。

J.日常的に行われている上司との「1対1面談」の中で異動の希望を伝える。

（具体例）「1対1面談」の場で、当初の希望どおり「採用マネジャー」への異動希望を伝えた。この異動の実現に向けて、どの程度の期間、どのような努力をしてきたかについての説明は、システム上のラーニング受講履歴、確認テストの点数、取得したバッジやスキルの情報を上司に提示することで容易に、かつ効果的に行うことができた。

　ここで、実際に異動が認められることもあるだろうし、この時点で認められなかったとしても、将来的なキャリアの希望を明確に伝えることができる。そのため、「来期」の目標設定（特にスキルベースで）も、明確に立てやすくなる。

　A.〜J.までの一連のプロセスすべてが明確にシステム上に記録されてい

ること、さらに、具体的な成果が客観データによって評価しやすい形で残っていることから、透明性と公平性を持った評価も行いやすくなる。

　以上が、「ラーニングの世界からタレントマネジメントの世界へとシームレスにつないでいく」と言った場合の理想型である。ラーニングを起点としているところがポイントである。これによってマネジメントサイドより、どちらかと言うと現場サイドに主導権を持たせ、EX（Employee Experience：従業員体験）を重視した仕組み作りを実現しやすくなる。
　さらに、従業員側から自発的に保有スキル情報を出してもらいやすくなる効果も期待できる。スキル情報を収集できなければ真のタレントマネジメントは実現できないため、この点も重要である。ちなみに、「真のタレントマネジメントの実現」は、「持続可能な働き方の実現」にとって必要不可欠であることは言うまでもない。

8. 人材の異動可能性が戦略的重要項目に

マネジャーの後継をどうするか

　本レポート（Josh Bersin 2021）の冒頭では、グローバルのトレンドとしてふれられているが、昨今は、わが国においても組織内における真の流動性確保の観点から「内部異動（Internal Mobility）」に注目が集まっていることは間違いない。
　レポートの最終部分では、「内部異動」を実現するために「タレント・マーケットプレイス」の活用が謳われているが、そこに至るまでの流れをまとめてみよう。
　レポートの中では「フェーズ」に分けて説明されているわけではないが、便宜上、ここでは「フェーズ」ごとに進化のプロセスを追っていくことにする。

フェーズ1

　上級管理職が辞職、または退職する必要がある場合、誰が引き継ぐ準備ができているかを把握するための「代替候補者計画（リプレイスメント・マネジメント）に基づく後継モデル」の構築。

フェーズ2

　組織の下位レベル向けに、さまざまな形態の後継者計画とキャリア計画を作成するための「HRテクノロジーの活用」と、キャリア計画担当者や採用担当者による「キャリアモデル」の推進。

フェーズ3

「雇用市場が透明化」されたことに伴い、社外転職の加速を受け、「キャリアモデルの構築から、異動の促進」へと移行する。
「社内異動」を企業戦略の一部にするとともに、社内すべてのジョブについての包括的なアセスメントを含む、大規模な内部異動システムを構築し、誰でも社内のジョブを特定して応募できるようにする。

フェーズ4

　内部異動システムを維持するためのコストがかかり過ぎたため、「タレント・マーケットプレイス」の機能を備えたプラットフォームの活用が注目されている。「内部異動」の機会を実現するための「マーケットプレイス」を構築する。

　ここで、わが国の現状を踏まえて、現実路線のステップを考えてみよう。（→次ページ・図1-5）まず、いきなり「フェーズ4」を実現するのは不可能であろう。次に「フェーズ3」であるが、誰でも社内のジョブを特定して応募できるように環境を整備することは、「フェーズ4」へ移行するため

の大前提でもある。したがって、その前提とも言える「ジョブ定義」は確実に行っておかなければならない。

図1-5　人材の異動可能性

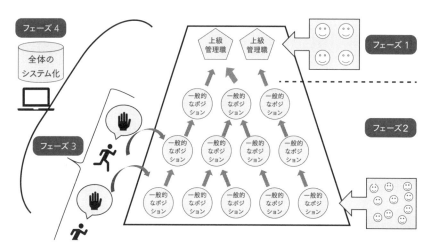

出典：著者独自・ＳＰ総研による

「ジョブを特定して応募」するには、自分がその要件を備えているのかどうかを把握しておくことが望ましい。そうすると、自身についての「スキル棚卸し」も行っておくべきであろう。

　ただここで、「内部異動システムを維持するコストがかかり過ぎた」という事例も紹介されていることから、「社内のすべてのジョブについての包括的なアセスメントを含む、大規模な内部異動システムを構築」ということまでは不要だろう。現実路線として、「フェーズ2」の「組織の下位レベル向けに、さまざまな形態の後継者計画とキャリア計画を作成するためのHRテクノロジー」を活用するところから始めるといいだろう。

　一般に「後継者計画」と言うと、「組織の上位レベル」や「クリティカルポジション」のみにフォーカスした取り組みを指すことが多い。

2022年8月30日に内閣官房 新しい資本主義実現本部事務局から公表された「人的資本可視化指針」の中に、企業価値向上の観点から開示が望ましいとされる項目の1つとして挙げられている「サクセッション」についても、同様の想定と思われる。

　ここでは、「組織の下位レベル」に向けても「後継者計画」を行うという点がポイントである。言わば、「後継者計画の民主化」である。

「人的資本可視化指針」の中では「スキル／経験」ベースでの「育成」として表現されていると見られ、「ポジションごとの適格候補者数」を把握することにもつながっていくであろう。

「後継者計画」の仕組みや考え方を、クリティカルポジションのみならず、組織内のすべてのポジションにまで拡張して考えていくことが重要だろう。

　これらのことを具体的に実現するためのソリューションとしては、次のようなものをお勧めしたい。

（参考）

workday

https://www.workday.com/ja-jp/products/human-capital-management/overview.html

fuel50

https://www.talenta.co.jp/product/fuel50/

entomo

https://entomo.co/jp/solutions/careers-tomorrow/

9. 人事変革が最優先課題

　本レポート（Josh Bersin 2021）の中では、「人事がイノベーションの中心になったから」というのが理由で、「人事の刷新、あるいは新たな人事オペレーションモデルが必要」と説明されているが、わが国においてピンとくる人は少ないかも知れない。

人事部門の変革の方向性

「人材」を価値ある投資対象としての「アセット」あるいは「キャピタル」として捉え、組織全体の人材価値を定量的に把握して可視化し、それを、主に投資家向けにレポートするという壮大な取り組みを実現するためにも、「まずは人事部門自らが大変革を起こしてくれないと困る」という文脈のほうが理解しやすい。

本レポート（Josh Bersin 2021）中にある――「仕事の仕方と職場環境に大きな変化がもたらされていることに鑑みると、人事部門を徹底的に変革することも行わなければならない。言い換えれば、人事チームのトレーニングとリスキリングにフォーカスする必要がある」――という文脈のほうがしっくりくるのではないだろうか。

では、具体的にどのように生まれ変わる必要があるのかと考える時に、次のキーワードが非常に参考になる。

- アジャイル

- データ駆動型

- 「従業員体験」にフォーカス

- AIとセルフサービス

- サービスセンター

- 戦略的なアウトソーシング

想像を超える速さでさまざまな環境変化が起きており、これに対応するには、いよいよ人事も「アジャイル型」に生まれ変わる必要がある。ただ慎重にコトを進めるだけでなく、時には失敗を恐れずに「まずはやってみる」という大胆さが求められる。リスキリングの観点からは、アジャイル思考のようなスキルを身に付ける必要があるだろう。しかしその場合でも、単なる当てずっぽうでは無駄も多くなる。

そこで、「データ駆動型」が求められる。データを拠りどころに効率的、かつ高速に実験を繰り返していくのがよい。関連するスキルは、「データ分析」「情報収集」「仮説検証」などである。

　実験というのは何のためにやるのかと言うと、すべては「従業員体験」を少しでも向上させるためである。

「従業員体験」の向上に欠かせないのが、AIエンジンが組み込まれたchatbotのような仕組みによって従業員がキャリアに関する相談を行えたり、自分にとって必要なラーニングメニューを教えてくれたりするようなサービスの提供だ。これはセルフサービスにもつながる。ここでは、「ニーズ分析」「顧客課題の理解」「問題解決」といったスキルが関係しそうだ。

　このように、人事部門は従業員を「お客様」に見立てて、最高の「体験」を提供するような役割を担い、「自分達はサービスセンターである」という自覚を持つことが重要だ。「カスタマーリレーションシップマネジメント」のようなスキルや経験も役立つだろう。

　もちろん、あることにフォーカス（ここでは特に「従業員体験」にフォーカス）するためには、すべてを一手に担うことなく、効率性も考えてアウトソーシングも必要になる。ここでは、「優先順位付け」「費用対効果管理」のようなスキルが重要だろう。

　ただ、効率性のみを重視するあまり、企業戦略や企業文化の根幹を成すような部分までをも「アウトソーシング」するケースも散見される。

　戦略遂行に役立つノウハウが蓄積されない、独自の企業文化が薄れて他社との違いがわかりにくく画一化されるというようなことが決してないように、戦略的な業務の切り分けが必要だろう。そのためには「戦略的思考」などのスキルがあるとよい。

10. 社会参加、環境問題、持続可能性が 成長領域

　本レポート（Josh Bersin 2021）では、まず「社会参加の一環として、所得の不平など、健康と医療、多様性、環境変化などの問題に目を向ける必要がある」と指摘されているが、その前段階として――「私達の会社を、より大きな社会を構成する一部としての『小さな社会』として考えるべきである」――と述べられている点に最も共感する。

まずは自らの実践

　昨今はいずれの企業も、SDGsやESG経営、持続可能性ということに関心を抱き、それぞれ工夫して、さまざまな具体的取り組みを開始している。

　それは何となく歓迎すべきことなのだろうし、「私達の自己中心的な文化がピークに達し、世界中で共同体的な文化に移行するとも言われている」という予言めいたことに合致する流れではあるが、個人的には若干の違和感も抱いてきた。その、何となく引っ掛かる原因は何だろうか。

　この問題を前述の「『小さな社会』として考えるべきである」という言葉が解決してくれた。

　例えば「多様性・公平性の実現」という場合、なぜその実現が必要なのかと問うた時に、「社会全体で取り組まなければならない人権問題だから」と大上段から答える企業があまりにも多いのだ。

　ではなぜ、そのようなスタンスに違和感を抱くのか。

　それは――「企業の『中の人（従業員)』の『人権』もままならないのに、よくもまあ『社会全体』の人権問題の解決を語れたものだ」――とどこかで感じてしまっているからであった。「従業員の『人権』もままならない」というのはもちろん比喩であるが、例えば、

- 新築マンションを購入したばかりなのに、転居を伴う転勤を命じられる。

- 子供が小学校に入学したばかりなのに（両親と一緒に暮らしたい時期なのに）、転校させるわけにはいかないため、単身赴任を強いられる。

- 長年培ってきた専門性が全く活かせないような領域へとキャリアチェンジを強制される。

といったような「強権発動」がまかり通ってきた現実を揶揄したものである。

　まずは「小さな社会」として自分達の組織内において「持続可能な働き方」が実現できて始めて、「社会全体の人権問題」を語る資格が得られるのではないだろうか。

11. DEIは引き続き主要な必須事項

DEI*促進に必要な取り組み

　企業内にインクルーシブな文化を真に作り出すために最も効果的な取り組みとして、以下のものが挙げられている。

＊DEI（Diversity, Equity & Inclusion：多様性、公平性、インクルージョン）

　　A. 従業員のニーズに耳を傾け、それに基づいて行動する。
　　B. 従業員に発言する機会を与える。
　　C. 人事チームにDEIの指標とプログラムの責任を負わせる。
　　D. ビジネスのリーダーシップに透明性と説明責任を持たせる。

これらの取り組みの実施にあたり、関連しそうなスキルを挙げておこう。

- A. には「傾聴力」「ニーズ分析」「顧客ニーズの理解」が必要である。

- B. において発言を促すには、「心理的安全性が担保された職場環境作り」が

求められそうだ。その前提として「誠実さ」や「倫理感」があったほうがいい。

- C. に必要なのは「KPI管理」や「率先力」だ。
- D. についてもやはり「誠実さ」や「率先力」が求められる。

コグニティブダイバーシティの重要性

「DEIの取り組みに関連する教育が不足している」という問題点の指摘について、その際たるものとして、次の事実に対する無理解がある。

すなわち、性別や国籍など、変えられない属性についての「**デモグラフィックダイバーシティ」の実現**より、考え方やスキル特性などの「**コグニティブダイバーシティ**(Cognitive Diversity あるいは Intellectual Diversity)」**を実現したほうが、企業全体のイノベーションや業績向上に寄与することが明らか**ということである。

慶應義塾大学大学院政策・メディア研究科の岩本隆特任教授によれば、これに関して、さまざまな調査結果も発表されている。例えば、日本CHRO協会の「CHRO FORUM」の中で「イノベーティブな組織作りに重要なコグニティブダイバーシティ」として「最近のさまざまな研究結果から、**デモグラフィックダイバーシティはイノベーション**と**相関がない**ことがわかってきており、**イノベーティブな組織を作るにはデモグラフィックダイバーシティではなく、コグニティブダイバーシティに力を入れることが重要**である」と述べられている。同教授は、これらのことを裏付ける研究結果としてJuliet Bourke 氏による調査を例に挙げ、「思考のダイバーシティはチームのイノベーションを20%高め、リスクを30%軽減する」「コグニティブダイバーシティを重視する企業文化を持つ企業は、持たない企業に対し、好業績の企業の比率が3倍」といった調査結果を紹介している。

（参考）Juliet Bourke「Which Two Heads Are Better Than One? How Diverse Teams Create Breakthrough Ideas and Make Smarter Decisions」Australian Institute of Company Directors, 2016

12. 人事がイノベーションの中心となる

　ダイバーシティの実現（特に、考え方やスキル特性などのコグニティブダイバーシティ〔Cognitive Diversityあるいは Intellectual Diversity〕）が、企業全体のイノベーションや業績向上に寄与するというのは前述のとおりである。さらに、「私達の会社を、より大きな社会を構成する一部としての『小さな社会』として考えるべきである」ということも先に紹介した。

　そうであるならば、「小さな社会のさらなる（当該企業内における）縮図」として人事部門を捉えてみるのはどうだろうか。

　このような観点からまず、人事部門内におけるダイバーシティを実現する。これによって、真の意味で人事部門がイノベーションの中心となる。それを企業内全体に広げていき、イノベーティブな組織となる。これで初めて社会全体に対して、より説得力を持って DEI の必要性を訴えかけることができる。

　最後に、「2021年のトレンド」から2年後に発表された「2023年のトレンド」のレポートから、ポイントを絞って最新動向を紹介する。なお、レポートは下記からダウンロードできる。

（参考）JOSH BERSIN「HR PREDICTIONS FOR 2023」

　https://joshbersin.com/josh-bersins-predictions-for-2023/

1）多様性、高齢化、労働力不足が進む

　多様性は拡大する。多様性がある組織は、そうでない組織よりも優れたパフォーマンスを発揮する。彼らはよりいいアイデアを生み出し、より強力なスキルを引き寄せる。

　労働力の高齢化が進んでいる。寿命が延びているため、キャリアやジョブの再定義が必要だ。労働人口が減少していく中、従業員を惹きつけ、

維持、育成し、新たに雇用する方法の再定義が求められる。キャリアやジョブの再定義にもつながる。

2）業界の融合による、ジョブとキャリアの再定義

　各企業とも、隣接する業界やビジネスモデルへの変革を目指している。これにより、新たなスキル、新たな役割、新たな組織が必要になる。

　企業は、採用、人材維持、リスキリングなどを同時並行的に行い、「体系的な人事ソリューション」と呼べるような、新たな人事運用モデルを構築する必要がある。

　パンデミック（コロナ禍）とハイブリッドワーク（の普及）のおかげで、企業は「経験に基づいた採用」から「スキルに基づいた採用」に移行した（と北米地区では言われている）。企業は、重要ポジションに就くための「キャリアパス」が描けるように、自分が持っているスキルとジョブやポジションに求められるスキルの両方を可視化していかなければならない。

3）真摯、かつ現実的な「スキル」に関する取り組みの進展

　企業はよりフラットになり、チームおよびプロジェクト指向になって社内の流動性（異動可能性）を重視するようになっている。

「人」と「ジョブ」との関係も変わってきており、それぞれの「ジョブ」には「スキル」が求められる。必要なスキルは数か月ごとに変化する。実際にビジネスの世界に存在する何万とも何十万とも言われるスキルは、テクノロジーの進展や労働力側の変化に基づいて需要が高まったり、低くなったりするものであることを理解する必要がある。

「スキルベースの組織作り」を行い、採用、昇進、パフォーマンス向上のための人材育成、後継者計画などの局面で「スキル」に基づいた意思決定をしていく。

　企業は従業員そのものではなく「スキル」にお金を払い、求められている

「スキル」を従業員側も把握し、その「スキル」を積極的に身に付けていくことが奨励される。

4）ハイブリッドな働き方のもとでの「従業員体験」の追求

　一部の従業員がオフィスに戻るにつれ、ほとんどの企業は新たなハイブリッドワーク戦略を構築しようとしている。

「職場」とはいったい何なのか、何のためにあるのかを再定義して、どのような場合に出社すべきかを指示する。

「従業員体験」を「職場体験」にまで拡張させ、生産性向上に寄与するようなテクノロジーを積極活用する。また、ハイブリッドワーク実現のためには組織文化の醸成も重要である。

5）「従業員体験」を超えた「持続可能な人材」への取り組み

　Global Wellness Institute の調査によると、ウェルビーイング市場は510億ドルを超え、今後も2桁成長すると見込まれている。差別禁止、児童保護、セクハラからの自由、休暇取得の尊重などもこの領域に含まれる。

　これらのトピックは、従来はDEI、福利厚生、健康と安全、従業員体験などに分類されてきたが、「人々の持続可能性」という概念で括られるようになってきている。

　職場における公平性、帰属意識やウェルビーイングの促進を実現するためのプログラムを長期的な投資と捉えて、すべてをまとめて「長期的な持続可能性」につなげていかなければならない。

「イノベーションと成長の源としての人材」をさらに超えて、人材・従業員を企業の中核資産・インフラストラクチャとして捉え直す。

　投資、社会的責任、企業価値向上、リスク軽減の各戦略として、「人々の持続可能性」を重視する企業が増えている。

6）「リーダーシップモデル」の再考

　企業はよりフラットな組織を目指し、ワークエクスペリエンスも重視して運営されている。

　リーダーは人々を管理したり指示することはあまりなく、人々に力を与え、訓練し、サポートし、調整し、しばしば評価し、巧く動かす。

　コロナ禍を経て、多くの企業でリーダーシップモデルは配慮、インスピレーション、共感、柔軟性に重点を置き始めている。これらと、メンバーの成長を促すことによる「生産性向上」とを両立させる必要がある。

　リーダーシップのもう1つの鍵は「傾聴（あるいはフィードバック）」である。信頼文化の構築により従業員体験を高めることにもつながる。

7）「パフォーマンス管理」の新たなモデル

　景気の減速を受けて、業績管理が再び注目を集めている。コロナ禍の最中、多くの企業では時間を節約して、より柔軟な手法を目指し、年次評価のやり方からOKRの導入に移行したり、リーダーが「日々の仕事の流れの中で」メンバーのパフォーマンスを管理できるようなツールを活用し始めた。主要HRテクノロジーベンダーはこの領域に再投資している。

　さらに、タレント・マーケットプレイスの仕組みを導入すると、そのプラットフォーム上でアジャイルな働き方、ジョブシェアリング、社内流動性（異動可能性）、ギグワークが促進されていくだろう。この領域においても、パフォーマンス管理の追加実装が必要になっている。年次評価だけではなく、日々の「パフォーマンスの実現」にもフォーカスした評価の仕組みが必要だ。

8）給与・報酬戦略の真摯な見直し

　ジョブごとの給与水準に関するデータソースは数多く存在する。全企業の4分の1以上が、給与の公平性実現に取り組んでいる。公正かつ公平

な給与・報酬を実現することが人材の惹きつけと維持には不可欠であり、そのプロセスにより、従業員との信頼関係を構築できる。

　給与・報酬戦略について議論する際には、「人材はコストではなく投資対象」と捉えるべきである。報酬の調整によって生産性向上が実現できれば、その見返りは常に絶大である。

9）CEOとCHROによるウェルビーイングへの関心の高まり

　福利厚生プログラムが爆発的に普及している一方で、「生産性向上によって福利厚生を生み出せるのであって、その逆ではない」ということを学ぶべきである。従業員に対してもっと働くよう押し付けたり、福利厚生を贅沢に提供したりするのではなく、シンプルに、仕事をより楽なものとする時代が来た。

　ウェルビーイングに対するフォーカスポイントは完全に変わった。休暇や社会保険と並んで提供される「福利厚生」の話ではなく、今や企業成長のための戦略と位置付けられている。

10）「生産性」が「従業員の成功」を測る重要な尺度

　企業を成長させる方法は2つしかない。より多くの人を雇用するか、各人の生産性を高めるかである。

　これまでは前者のみに重点が置かれ、後者はほとんど重視されてこなかった。株式市場における評価ポイントが売上増であった時代であればまだしも、人材獲得が困難でキャッシュフローが重視される今日においては、生産性に着目するしかない。

　職場における従業員体験全体についても考慮すべきであるが、その前に、生産性が従業員エンゲージメントを向上させるという点も重要だ。

　生産性が高いと感じる時、人は自分の仕事が好きになる。反対に、時間を無駄にしていると感じると、静かに退職したり、組織を離れていく。

本質的に、従業員は、官僚的な手続きに時間を費やすのではなく、価値のあるスキルを最大限に活用できるような仕事をすべきである。

11）コーポレートラーニング（企業研修）の新たな焦点は 「仕事を通じての成長」

　企業研修の価値を高めるためのあらゆる実践の中で、「キャリア成長のための幅広い選択肢を提供する」という取り組みが最も価値向上にインパクトが大きい。「仕事を通じての成長」の中で、将来のためのスキルを身に付ける可能性も高まる。従業員の成長に重点を置いている企業は、

- 従業員に潜在能力を発揮させる可能性が29倍

- イノベーションのリーダーになる可能性が4倍

- 最適な職場である可能性が7.2倍

とそれぞれ高い。

　また、特定の知識やスキルギャップに対処するための「点」のソリューションではなく、組織のより広範なビジネス領域、および人材戦略の中に戦略的に組み込まれたものとして、体系的な人事運用モデルの一環として行っていくことが重要である。

12）採用担当者の役割がますます重要に

　人材獲得・採用領域において高いパフォーマンスを発揮するためには、テクノロジーやツールの活用もさることながら、本当に鍵を握るのは採用担当者が持つ強み、スキル、人間関係である。

　最も成功している企業の採用担当者は、人材アドバイザーのような役割を果たしている。加えて重要なことは、次のとおりである。

- 素晴らしい採用ブランディングを確立する。

- 優れた応募者体験を実現するための投資を行う。

- 社内の流動性（異動可能性）と社内人材登用にもフォーカスする。

- 採用担当者のスキルアップに投資をする。

13）ピープル・アナリティクスがタレント・インテリジェンスへと進化

　タレント・インテリジェンスとは、人材を何名採用し（人員計画、労働市場分析、多様性の促進）、リスキリングし（スキルの体系化、キャリアパスの構築）、人材の維持によってこれらを成長させ（人材分析、生産性向上、人材の定着）、再設計によって組織をいかに強化できるか（ジョブ体系の整備、組織設計、戦略的な労使関係）を予測していくような取り組みのことである。

　先進的な企業はピープル・アナリティクスのチームをさらに拡充させ、前述のような機能を追加していくことになる。

03 | 「人的資本開示」とコーポレートガバナンス・コード

人的資本経営とは

「人的資本経営」の前に、まず「**人的資本開示**」とは何か。――「企業価値に占める無形資産の割合の高まりとともに、有形資産を表す財務情報だけでなく、無形資産を表す非財務情報の開示が求められるようになってきた。無形資産は、知的財産、技術、顧客ベース、ブランドなどさまざまあるが、中でも最も重要とされる無形資産は人材（吉田寿・岩本隆『企業価値創造を実現する 人的資本経営』2022年)」――であることから、その情報について、投資家を始めとするさまざまなステークホルダーに対して開示することを「人的資本開示」と言う。

　そのためには「人的資本経営」をしっかりと行えていることが大前提となる。また、開示することが目的ではなく「人的資本経営」の中身をさらにブラッシュアップさせていくための手段と捉える必要があるだろう。

　ちなみに、「**人的資本経営**」とは――「人材を『資源』ではなく『資本』と捉え、人的資本に最適な投資をすることで最適なリターンを生み出す経営のこと（吉田寿・岩本隆『企業価値創造を実現する 人的資本経営』2022年)」――とされている。「**人的資本**」とは、経済協力開発機構からリリースされている「OECDインサイト 人的資本：知識はいかに人生を形作るか 日本語要約」によると次のような定義がなされている。

一般に、人的資本は個人の持って生まれた才能や能力と、教育や訓練を通じて身に付ける技能や知識を合わせたものとして幅広く定義される。（時には健康も含まれる）ただし、人的資本の概念を熱狂的に受け入れている実業界ではこれをもっと狭く定義する傾向があり、主に企業や特定産業の成功に直接的に係わる労働力の技能や能力と見なされている。

（参考）OECD インサイト 人的資本：知識はいかに人生を形作るか 日本語要約
https://www.oecd-ilibrary.org/human-capital-summary-japanese_5l4qpl7rwm26.pdf?itemId=%2Fcontent%2Fcomponent%2F9789264029095-sum-ja&mimeType=pdf

　この定義に従うと、「人的資本」とは、まさに「（広義の）スキル」と言ってよく、「人的資本開示」と言った場合、スキルについての情報が含まれていなければ「餡子を欠いた薄皮饅頭」のごとく薄っぺらで中身がないもの、あるいは「肝心のパティ（肉）が挟まれていないハンバーガー」と評されても仕方がない。

　この点は、最近の「人的資本レポート」を読むにつれ、確信が深まっている。「人的資本とは」の説明が、例えば「今現在、人材戦略上重要となっているすべての事項」のように非常に曖昧模糊としていると、そもそも「核」がないため、レポートの内容もすべての項目にわたって背骨がない軟体動物のようにグニャッとしたものになる。前述のとおり、「人的資本」は「（広義の）スキル」そのものであり、このように定義してこそ、「現状把握」と言った場合、まずどのようなデータを可視化すべきか。「KPI の設定・改善」と言った時、何を測定尺度とするのかがしっかりと定まる。そして、「重要事項」としてよく挙げられるもののうち、

- 「人材育成」とは、スキルベースでの育成のこと。
- 「ダイバーシティ」は、「動的人材ポートフォリオ」の概念とも相まってスキルベースでのダイバーシティの要素を盛り込まないと意味がないこと。

- 「流動性」は、ただ放っておいて促進されるものではなく、スキルベースで人材を把握できてこそ科学的に進めることができるもの。
- 「エンゲージメント」は、前述のさまざまなことに真摯に取り組んだ結果としてスコアに現れるもの。

と説明できる。

　よく見られるのが、「人的資本レポート」の中で、かろうじてスキルっぽいものを可視化していそうに見えても、たった10種類くらいのスキル項目に限定してプリセットしておき、その範囲で「あなたが持っているスキルはどれ？」「強化したいスキルはどれ？」というアンケートに答えさせ、結果をグラフにして開示するパターンだ。

　このような表現では「人」を「型」にはめている印象があり、ダイバーシティを軽視しているというメッセージにも受け取られかねない。

　そもそも「人」は、たった10種類くらいのスキルで表現し切れるものではない。「アセスメント（パーソナリティ診断に近いもの）」だけに頼ると、このようなことになる。

「健康安全」「労働慣行」「コンプライアンス」は、前述の定義における「人的資本」をさらに高めていくために必要な「下地」と言え、もちろん大切な事項ではあるが、ハンバーガーで言えば「バンズ（パンの部分）」の部分だ。「人的資本」が「パティ（肉）」である。

　喩えて言うと、「ハンバーガーショップでハンバーガーを注文して、出てきたモノには、なぜだかパティ（肉の部分）が入っていない」という状況に出くわしたことがあるだろうか。そのようなモノをあえてオーダーしない限り（ないと思われるが）、仮にあったとして、

・「バンズがブリオッシュタイプで、とっても個性的だ」
・「ベーコンはカリッカリで食感がいい」

- 「ちょっとスパイシーなテリヤキソースですね、個性的でいい」
- 「周りを取り囲むポテト達、有名チェーン店と比較して、こちらは分量が多くて好印象だ」

と褒めてみたところで、肝心要のパティ（肉）が抜け落ちているので、聞いているほうは虚しさを感じるだろう。このハンバーガーの作り手も含めて、むしろ気恥ずかしくなりそうだ。

- 「肉がなくても作り手がハンバーガーと思っていれば、そういうのがあってもいい」
- 「現時点で肉がないのは残念だが、他の部分がいいからそれでも十分だ」

という意見もあるかもしれない。しかし、そうであれば「これはハンバーガーです」と謳うべきではないだろう。

　昨今、肝心な部分を網羅した「人的資本開示」ではなく、肝心な部分が抜け落ちた「組織運営や人事マネジメントを、なるべくデータ・ドリブンにやってみた」「その内容をレポートにまとめてみた」というものが非常に多くなっている印象である。あろうことか、そのような類のレポートを闇雲に褒めたたえて紹介するようなセミナーや勉強会も多く見られる。「統合報告書、全部見た！」というふれ込みのものが、その典型だ。
「**人的資本経営**」と言う場合、「人（そのもの）が大切」と言ってしまうと、「有形資産（資源）よりも無形資産（資源）が重要になってきている」という昨今のトレンドの話とも相性が悪くなる。「人（そのもの）」は有形資源と捉えられがちだからである。そうではなく、「**人が持つノウハウ、技術力、熟練技、知識…等々（これらを広義のスキルとする）を大切にする経営**」と定義するとスッキリする。

これらは「**情報的経営資源**」と捉えることもでき、自社の経営資源の競争優位性を明確にするためのフレームワークである「**VRIO分析**」(Value〔経済的価値〕／Rarity〔希少性〕／Inimitability〔模倣可能性〕／Organization〔組織〕)で言う「希少性」「模倣困難性」につながるものである。

「情報的経営資源」は企業の特異性、競争優位性の源となるものであり、金太郎飴のような画一的な基準で採用したり、育成したりするような「ヘッドカウント重視」の人材戦略を取っているうちは、そこに人が何人いてもそれらの人材は競争優位性の源泉とはなりにくいことが明らかである。

コーポレートガバナンス・コードとは

コーポレートガバナンス・コードは、東京証券取引所の有価証券上場規程として定められたものであり、経済・社会状勢の変化に応じて定期的に改訂されることがもともと想定されている。今回は2回目の改訂であったが、2021年6月11日、東京証券取引所は「コーポレートガバナンス・コード〜会社の持続的な成長と中長期的な企業価値向上のために〜」を公表し、同日に改訂版が施行された。今回の改訂では、持続的成長と中長期的な企業価値の向上の実現に向けて、

①取締役会の機能発揮
②企業の中核人材の多様性の確保
③サステナビリティを巡る課題への取り組み

を始めとするガバナンスの諸課題に企業がスピード感を持って取り組むことが重要であるとされた。

まず「**①取締役会の機能発揮**」についてであるが、社外取締役の積極活用以外に、上場会社の取締役会においては「経営環境や事業特性などに

応じた適切な形で取締役の有するスキルなどの組み合わせ」を取締役の選任に関する方針・手続と併せて開示すべきであるとされ、さらに独立社外取締役には他社での経営経験を有する者を含めるべきであると明記された。

この「スキルなどの組み合わせ」の開示の方法としては、各取締役の知識・経験・能力など（外資系企業においてはKnowledge, Skill, Ability and Others と表現され、KSAOsと省略されることも多い）を一覧化したいわゆる「スキル・マトリックス」を掲げている。ただ、これは例示であることから、「スキル・マトリックス」以外の方法による適切な開示も許容されている。

例えば、IR資料での「スキル・マトリックス」の積極的開示に取り組まれている例として、キリンホールディングス（図1-6）や資生堂がある。

図1-6　キリンの取締役、監査役、執行役員の専門性と経験のスキルマトリクス図

		専門性と経験									
		企業経営	CSV ESG	財務・会計	人財・組織開発	法務リスク管理	生産品質保証	ブランド戦略マーケティング	海外事業	R&D ヘルスサイエンス	ICT DX
代表取締役社長	磯崎 功典	●	●					●	●	●	
代表取締役副社長	西村 慶介	●	●		●						
取締役常務執行役員	三好 敏也	●			●			●			
取締役常務執行役員	南方 健志	●	●	●					●		
取締役常務執行役員	坪井 純子	●	●	●							
独立社外取締役[※1]	森 正勝	●		●					●		●
独立社外取締役[※1]	柳 弘之	●					●		●		
独立社外取締役[※1]	松田 千恵子		●	●					●	●	
独立社外取締役[※1]	塩野 紀子	●						●	●		
独立社外取締役[※1]	ロッド・エディントン	●							●		
独立社外取締役[※1]	ジョージ・オルコット		●	●					●		
独立社外取締役[※1]	片野坂 真哉	●							●		●
常務執行役員	溝内 良輔		●					●			
常務執行役員	前原 正雄			●							
常務執行役員	秋枝 眞二郎			●					●		
常務執行役員	深田 浩司			●			●			●	
常務執行役員	山形 光晴			●				●		●	
常務執行役員	堀口 英樹	●		●				●			
常務執行役員	吉村 透留	●							●		
常務執行役員	神崎 夕紀	●					●				
常勤監査役	西谷 尚武			●	●				●		
常勤監査役	石倉 徹			●						●	
社外監査役[※2]	安藤 よし子			●					●		
社外監査役[※2]	鹿島 かおる				●						
社外監査役[※2]	藤縄 憲一		●								

※1　株式会社東京証券取引所等の定めに基づく独立役員、かつ、当社が定める社外役員の独立性に関する基準を満たしています。
※2　会社法2条第16号に定める社外監査役。株式会社東京証券取引所等の定めに基づく独立役員、かつ、当社が定める社外役員の独立性に関する基準を満たしています。

出典：キリンホールディングス「KIRIN INTEGRATED REPORT 2023［統合レポート］」
https://www.kirinholdings.com/jp/investors/files/pdf/kirinreport2023.pdf（p.122）

（参考）資生堂の取締役、監査役の専門性と経験のスキルマトリクス図（p.7）

https://corp.shiseido.com/jp/ir/shareholder/2023/pdf/shm_0001.pdf#page=7

　本書で検証するとおり、さらに解像度を上げて「スキル」を捉えた場合、次のような点で開示方法・内容に改善の余地があると考えられる。

　多くの日本企業において開示されている現状のスキルマトリクス図では、スキルというよりも経験が重視されている傾向がうかがえることから、「その人の専門性が、具体的にはどのようなものであるか」を念頭にして表現するように改善されるとよいのではないか。

　例えば「企業経営」「海外での生産管理の経験」「研究開発経験」「財務」「法務」「会計」「マーケティング」などの経験を基に、「その人が、どの分野に強みを持っているのか」が明確になれば、「知的観点での多様性」の表現として説得力が増す。

「経験」についても、カテゴリ分けの解像度をもう少し上げていけば、よりよいものになる。「ブランド戦略、マーケティング、営業」や「財務・会計・M&A」を一括りにせず細分化したり、「海外事業」や「国際経験」といった曖昧な表現から具体的な内容に一歩踏み込んでいく。

　例えば、「マーケティング」と「営業」は明らかに異なる経験であるし、マーケティングをさらに細分化し、特に「ブランド戦略を担当した経験がある」という粒度にまで具体化する。また、「海外事業を経験したことにより、いったいどのような『強み』『スキル』を獲得したのか」ということが表現されていれば、よりよいものになることは想像が付くだろう。

　人的資本経営時代を迎え、今後の課題として、「スキル」を基に評価されてきていない人々が取締役として就任することによる「適格性」の観点で疑問が残らないようにするため、取締役自身がスキルで評価されることはもちろん重要である。ただし、一般従業員レベルでもこのような評価の仕組みを導入する必要がある。そう考えると、今後はこのようなレベル感、

粒度、説明書きを持った形でのスキル・マトリックス開示が期待されるところである。

　丸井グループは、「共創経営レポート2020年」のp.117において、「特徴的な資質」を調査するため、世界的に定評のある「アセスメント」を活用し、さらに、その受験結果の内容から「総合的な強みがある領域」として、役員一人ひとりにつき「**戦略的思考力**」「**影響力**」「**人間関係構築力**」「**実行力**」の4つのうち1つを割り当てている。

（参考）**株式会社丸井グループ「共創経営推進プロジェクト2020」**（p.117）
https://www.0101maruigroup.co.jp/ir/pdf/i_report/2020/i_report2020_a3.pdf

　実はこれら「戦略的思考力」「影響力」「人間関係構築力」「実行力」というものこそが「スキル」という単位（粒度）で表された個々人の持つ強みであり、「経験」をベースとしたスキルマトリクスとは一線を画している。

　これらの4つは、このアセスメントで明らかになるさまざまな「特徴的な資質（全部で34ある）」をまとめ上げる上位概念（カテゴリー名のようなもの）であり、本来はもっと多くの種類の「スキル」で、個々人の強みを表現すべきという課題・改善点はあるものの、このような性格特性・職業適性を図るためのアセスメントの結果から、該当する「スキル」を導き出すという手法は大いに参考にすべきである。そのためには、（→139ページ）にて解説するような「**セルフジョブ定義**」が欠かせないのである。

　上場会社において、スキル・マトリックス開示を検討するに当たっては、自社の経営戦略上の課題に照らして、いかなるスキルを取締役会に備えるべきかを十分に検討する必要がある。そのためには、（→60〜63ページ）のような後継者計画が不可欠となるのである。

　次に「**②企業の中核人材の多様性の確保**」については、中核人材の多様性要素として、コーポレートガバナンス・コードは女性、外国人および

中途採用者を挙げているが、必ずしもこれらに限られるものではない。各社の個別事情に応じて実質的に検討され、開示される「多様性の確保についての考え方」の中で具体的に説明されることが期待されている。

　特に取締役会に関しては、多様性要素として職歴、年齢が特に追記され、選任にあたっては経営陣幹部・取締役のジェンダーなどの多様性のみならず「スキル」の観点も検討すべき項目とされた。ここは非常に注目すべきポイントである。

　後に（→164ページ）でも述べるとおり、組織戦略にアラインする形で各人の保有スキルに着目すれば、自ずと多様性は実現されるはずである。

　最後に「③サステナビリティを巡る課題への取り組み」についてであるが、サステナビリティとは「ESG要素を含む中長期的な持続可能性」と定義されている。

　これまでも「E（環境）」の要素への注目は高まっていたが、それに加え、近年では人的資本への投資などを含む「S（社会）」の要素の重要性も指摘されている。

　これらのサステナビリティを巡る課題への取り組みに関する基本的な方針や、自社の取り組み状況は適切に開示すべきであるとされ、人的資本への投資についても、経営戦略や経営課題との整合性を意識しつつ、わかりやすく具体的に情報を開示・提供すべきであるとされた。

　その方針はそのまま、2022年8月30日に内閣官房 新しい資本主義実現本部事務局から公表された「人的資本可視化指針」にも受け継がれているのである。

04 | 「日本型経営」の見直し

　ここで言う「見直し」には「1. よくない部分は見直して改善・進化させる」。「2. いい部分は見直して再評価する」という2つの意味が含まれている。

1. 改善・進化させていくべき部分

1)「徒弟制度」からの脱却

　企業のネームバリューに釣られて最初のキャリアを安易に選び、会社に言われるがままに配属先が決定され、運に任せて最初の上司が決まる。

　その上司や他の先輩社員達から「OJT (On the Job Training)」という名の、およそ科学的とは言えない、大半がその組織内でのみ通用する「ガラパゴス化した」スキルを身に付けさせる手法によって「職人技」の習得が要求される。

「日本は主要先進諸国に比べて人的資本投資が少ない」とされている（吉田寿・岩本隆『企業価値創造を実現する人的資本経営』2022年[1]）のに対し、OJTについて「この時間に対して支払われている賃金を研修費相当として換算すれば、日本の人材育成投資は先進諸国間でも決して見劣りはしないとの見解もある[1]」とされるが、問題はそのOJTとやらの中身だ。

　ガラパゴス化したスキルだけ身に付けさせて、囲い込み、飼い殺しにつながっている側面も否定できない。

　他社でも通じるスキルの習得の要素も含まれていればまだいいが、自社でしか通用しなかったり、評価されないようなスキルの習得が主になっているようであれば、その営みについて「人材価値向上につながる」という

意味で社外から高評価を得るのは難しく、客観的な人的資本の価値向上を意味する「人材育成投資」としては算入できないであろう。

　もちろん、OJTのすべてが否定されるべきではない。「OJTは、社内でこれまでの仕事を、より効率的に遂行するためのスキルやノウハウを学ぶことには適している[*1]」というのはそのとおりであろう。しかし同時に、「社外で起きている革新的な技術やビジネスモデルなどを学ぶことには適さない[*1]」というのもまたそのとおりである。

　「社内でこれまでの仕事を、より効率的に」ということであれば、それらについては、ある程度マニュアル化されるべきであり、誰が教えても大体同じように人が育つような仕組みを整備すべきである。「マニュアル読んでね」だけで伝わりにくいのであれば、まさにOJT的な手法、すなわち実地訓練方式で伝授していくのはいいだろう。

　そのうえで、その人独自の「職人技」を伝授するのも、決して悪いことではないだろう。しかしそこには「社外で起きている革新的な技術やビジネスモデルなどを学ぶ」という要素はほとんど含まれていないのである。

　「ノウハウ」や「技」の伝授についての考え方を、このように改善・進化させないと「持続可能な組織」にはならないだろう。社内でしか通用しないような職人技は、何かの拍子にあっけなく途絶えたり、そもそも全く必要なくなってしまったりする危険性がある。

2）「組織」に頼り過ぎ（独立自尊の心構えが必要）

　まずは「個」を強化して、その集大成として組織が強化される。このような考え方を個々人が持つべきである。組織が何をしてくれるのかを考えるのではなく、まず自分自身が組織に対してどのような貢献ができるのかを考えてみる。「できる（can）」という観点に加えて、「したい（will）」という観点からも考えてみる。その時、自分自身の努力だけでは足りない部分について、組織や周りの人達に支援を請う。

このように改善・進化させないと「持続可能な組織」とはならず、個人の側からも「持続可能な働き方」は実現できない。頼る一方では組織側は財政破綻するし、個人側の自律性も望めないために悪循環に陥る。

3）「就社」から「就職」へ

簡単に1つの組織に自分の身を預けるべきではない。自分のことは自分で守る。組織特有のしきたりに合わせたり、そこでしか求められないスキルの習得に熱心になるより、1つの「職」を担当しているという自覚を持ち、専門性を高めるほうがよい。

「職」の単位で帰属意識を持つことができれば、「組織」という「箱」が消滅しても別の「箱」を求めて動き、そこで同様の「職」に就けばよい。

一般に転職と言っても、単なる「転社」になっている人が多いのではないか。同じ組織の中でも「転職」はできるのであり、行事ごととしてのジョブローテーションに巻き込まれることなく、社内での「転職」と捉えて、どうせなら、より科学的に行いたい。

このように進化・改善しないと、「持続可能な働き方」は実現できない。組織の思惑のまま、それに従うだけの働き方、生き方が続いてしまう。

2. 改めて評価し直すべき部分

1）「現場主義」「人中心主義」の再評価

日本企業は伝統的に、「現場主義」や「人中心主義」を謳い、人（従業員）の存在や価値を優先することで、結果として企業利益を向上させるという経営手法に長けていた。

そのうえ終身雇用が約束され、企業と従業員との間に信頼関係が自然と生まれ、従業員を長期的な視点で育成することが可能であった。

また、一度も転職しないというのがむしろ普通であったから、勤続年数

が長いというのは、ほぼそのまま年長者ということになり、自分より年長者は自分よりも上のポスト、ポジションに就いている状態が自然と維持された。上司は年長者でもあるから、従ったり教えを請うたりすることも自然とできた。つまり、その辺りの人間関係でギクシャクすることはほとんどなかった。

　以上のような特徴は、中長期視点で自らキャリア形成を行う際にも利点となるであろう。企業側としても、短期間では習得しにくいような専門スキルについても、じっくり時間をかけて習得してもらえるような支援を行いやすい。

　さらに、従業員自身にとってのみならず、主に生活面で家族にも安心感が生まれるため、企業に対する忠誠心が高まるばかりか、社会貢献活動を行うための意欲や動機も高まるのではないか。

「人中心のマネジメント」ということで言えば、筆者は2023年10月10日から13日にかけて、ラスベガスで開催されたHR Technology Conference & Expoに参加してきた。コロナ禍の期間は途絶えたが、通算5度目となり、私としては恒例行事となっている。

　今回、最も印象的だったことは、「ジョブ型」の本家本元とも言えるアメリカ合衆国でのイベントにおいて、「今後は『ジョブ中心』から『人中心』のマネジメントへとシフトしていく」というメッセージがところどころで発信されたということだ。

　ただし、よくよくニュアンスを捉えると、**従業員が保有する「スキル中心」ですべてを考えていく**という意味合いであることに注意を要する。

2）「じっくり極める」職人気質

　前述のような日本型経営のいい面は残しつつ、現代風に組織と従業員との関係性を再定義することを提唱したい。

最も大切なことは、組織側から「環境」を提供される見返りとして、従業員側は、「とにかく尽くす、奉仕する」という発想を捨てるべきだ。

　組織から与えられた「環境」を、従業員は貪欲に活かしきる。自分のために使い倒す。まず最優先すべきは自身のキャリア形成であり、2番目に家族（の生活）が来てもよい。組織の成長だとか利益というのはその次だ。そのような割り切りにより、結果として、その時に所属している組織に対してもいい効果がもたらされる。

　ここでもう1つのポイントが、「その時に所属している」という点だ。終身雇用を前提としない発想であり、個人としては最適な場所を求めて所属を転々としてもよい。

　あなたが思い入れのあった組織から後ろ髪を引かれながら去ったとしても、あなたの代わりとなる優秀な人材が、またすぐ後にいくらでも入ってくる。そのくらいの図太さでキャリア形成を考えていったらいい。

　ここで考えてみてほしい。あなたがイメージする「職人」の生き様を。

　寿司職人でも、陶芸家でも、プロカメラマンでも、何でもよい。職人気質の人間というのは、とうの昔から前述のような生き方をしている人が多いはずだ。

　つまり、「手に職」があるため「環境」は自由に選べる。有利な条件も提示できる。もちろん、皆が皆、そのように自由にいられるわけではない。そのためには条件があり、手にしている技術やノウハウが超一流で、ちょっとやそっとでは誰にも真似のできない圧倒的なものである場合に実現可能となる。

　このように、かなりの自助努力が必要にはなるが、日本型経営のいいところを最大限に活用し、じっくり自分の好きな分野における強みを磨いて「職人技」を極めていくべきだ。「職人技」というのは、何も製造業の技術分野やいわゆる専門職の領域に限られるわけではない。人事でもマーケティングでも営業でも、それぞれの分野における「職人技」は存在する。

この時、「職人技」の習得法についても、現代風に再定義を行う必要がある。「見よう見まね」とか、寿司職人の「飯炊き3年、握り8年」というような徒弟制度時代の発想は捨て、科学的な手法で形式知化されたデータを駆使して効率的、かつ確実な方法で「技」を習得する。

　同様の方法で後任者に対しても「伝授」や「引き継ぎ」ができるようにしておく。

　データを活用した技術やスキルの習得には、HRテクノロジー、特にラーニング領域のテクノロジーの力も借りるべきだ。

第 **2** 章

日本型経営・人事に
見られる
「解」のありか

01 | 日本社会が抱える 共通的な問題

主に、「持続可能な働き方」を阻害してきた典型例をいくつか挙げる。

1. キャリアについての「無教育」
2. 主体性を奪う教育
3. 「寄らば大樹の陰」の提供と「褒め下手」
4. 転職をさせないための「囲い込み」と「石の上にも3年」という価値観

1. キャリアについての「無教育」

わが国では小学校、中学校のような義務教育課程、初等教育課程においても、高校、大学、大学院のような高等教育課程においても、「キャリア論」について本格的に学ぶ機会がない。大学のゼミで「キャリア論」を選択している人は超例外だ。

自分の親世代も同様の状態であるから、家庭でキャリアのあり方とかキャリア構築の仕方について教わる機会もない。

せいぜい、小学校や中学校の卒業文集で「将来の夢」というコーナーが設けられて、何とか頑張って書いてみようとしても、あまり現実味がない「夢」しか想い描けない。

親兄弟や親戚を見わたしてみても、魅力的に映るモデルケースがあまり見当たらないため、現実味のある「夢」を描くこともできない人が圧倒的多数だろう。

2．主体性を奪う教育

　人生の中で最も重要と思われる選択——自分の強みや経験を活かして仕事をすること。すなわち、正当な対価を得て生活に必要なものを獲得するための職業・キャリアを選ぶ具体的な方法は、学校でも家庭の中でも教えてもらう機会がないため、多くの人は「キャリアに関する主体性」を持ち得ない。キャリア選択が人生において最も重要な選択だとするなら、人生そのものに主体性を持っていない人が圧倒的に多いということだ。

　普通に、前例踏襲で先人達がやってきたことを真似して、サボらずコツコツやっていけば必ず何とかなるという大前提のもとに、すべてのシステムが構築されている。

　幼少教育から大学などの高等教育に至るまでの、あらゆる教育システム然り、学校を出て最初のキャリアを選択する仕組みそのもの然り、企業に入ってからの人材育成の仕組みもまた然り。

　ほとんどの家庭では、学校教育で説かれているものとは別のことを両親が説いて、上書きするような工夫を進んで行うことは稀である。したがって、家庭において「主体性のない状態」を積極的に推奨するものではないにせよ、少なくとも「追認」する形になっている。

　子供が企業に入ってしまえば、それ以降は子供自身の「主体性（何とも空虚に響く言葉だ）」に任されるため、軌道修正のためのいい影響が家庭から与えられることはない。

3．「寄らば大樹の陰」の提供と「褒め下手」

　今となっては「まやかし」と言わざるを得ないが、長年にわたって企業は自社の従業員に対し、「あなた達は家族同然。ずっと居て、それなりに役割を果たしてくれたら最後まで大切に面倒を見る」というメッセージを

伝えてきた。日本の労働関連法もこれを支えた。

「家族主義」以外にも、「人は財産」「企業は人なり」というスローガンも虚しく、実際のところ従業員はリソース（材）の1つであり、これを「消費」しながら企業はやりたいことを実現してきた。

リソースが突然なくなる（いなくなる）と困るため、甘言によって巧く丸め込み、とにかく長い間働いてくれるように努めた。

「努めた」ことは間違いなく、中には本当に従業員の人生を豊かにする施策もさまざまあったが、いずれにしても「自律」を阻む方向性のものばかりだった。急に居なくなられては困るからである。

甘言は上手だったが、どちらかと言うとおだてる感じに近く、本質的な部分で、真の成果を的確に「認める（Recognize）」「褒める」ことは苦手だった。

そもそも従業員達一人ひとりがどのような特性を持ち、どのようなスキルを保有しているかを可視化できていないため、何を褒めたらいいのかわからないのである。「何となく、総合的に組織に貢献している」という、組織貢献という物凄く大雑把な寄与を褒めることはしてきたかもしれないが。

4. 転職をさせないための「囲い込み」と 「石の上にも3年」という価値観

少し観点が変わるが、転職についてある程度のハードルの高さが未だにあるのも、わが国の特徴だろう。これについてもさまざまな要因が絡み合っている。

まず1つは、「石の上にも3年」というような、何でも長く続けることが美徳だという独特の文化である。

伝統国家ゆえなのか、変化を受け入れることに慣れていないのか。職人気質を大切にする文化ゆえとも言えそうである。

企業もこれらの風潮を受けて、何か余程の事情がないと転職などするものではない、これまでの恩義を忘れて転職を考えるなど言語道断、裏切り者だという考え方が前提で人材の育成をこれまで行ってきており、もともとは何の悪意もなかったのだろうが、結果的に「囲い込み」「飼い殺し」となってしまっていたと言わざるを得ない。

02 | 個々の日本企業や個人が 抱える共通的な問題

主に、「持続可能な働き方」を阻害してきた典型例をいくつか挙げる。

1. 主体性のないキャリア選択
2. 「諦め」からくる「我慢」
3. 組織への甘えと自己の過小評価
4. 転職へのためらいと家族との関わり

1. 主体性のないキャリア選択

　学校教育でもキャリアについて学ぶことがなく、両親もロールモデルになり得ない。そこで仕方なく、「今は具体的な目標を設定できないから、なるべく幅広い選択肢の中から道を選べるようにしておこう。親からも助言があることだし『いい学校』に進学しておこう」ということになる。

　では「いい学校」とは何か。それは、「卒業したことによってなるべく多くの選択肢、選択の可能性が与えられそうな、世間一般での評判がいい、定評のある学校、『潰しの効く』イメージのある学校」だ。選択肢は広いほうがいいから、なるべく専門性はないほうがいい。

　このような方針で大学まで選ぶことが圧倒的に多いため、初めの就職先を選択する際にも「とりあえず、いろいろなことを満遍なく学んで、特に専門性がなくてもやっていけそうなところ」という基準で選ぶしかない。

　そうすると再び、より主体性を持った具体的な選択は後回しになるだろ

うから、「まずは潰しの効きそうな、いろいろと選択肢の広がりそうな」という条件で就職先も選ぶしかない。

　ここから選べればまだマシで、企業側から運よくお声がかかれば他に選択肢もなく、そこを選ばざるを得ないという人も多い。

　他方、個々の企業側にもさまざまな問題がありそうだ。特に新卒採用に関しては、そもそも「専門性」なるものを期待していないため、「確率論」でなるべくポテンシャルの高そうな人（あくまでも「高そう」という曖昧な予想に過ぎない）から順次、予定の人数に達するまで枠を埋めていく方式を採ってきた。

　しかし、これにより自らの首も絞めてきた。なぜならポテンシャルが顕在化するまでじっくり時間とお金をかけて新人達を育成しなければならない義務を背負うからである。それが各企業の社会的使命とすらされてきた。すぐさまその期待を裏切るわけにはいかないだろうが、実際にはそのように悠長な人材育成をしていくだけの体力が、果たしてどれだけの日本企業に残っているのだろうか。

2.「諦め」からくる「我慢」

　若い頃は「より主体性を持った具体的な選択は後にすることになるだろう」と想像し、後回しにしていくうちに、気付いたら40代後半を迎えて「ダテに専門性を（狭く）築き上げてしまってベテラン扱いされる」という状況から、もはや選択権すらないという状況に気付く。そうなると、あとは「逃げ切り大作戦」だ。

　特に当たり障りなく日々を過ごしていれば、65歳までは何とか食うことには困らないくらいの待遇が保証される。組織に対して従順に、嫌なことも何でも引き受けて我慢する。

　気付いたら何にも持っていない自分が、真っ暗闇の知らない場所に放

り出されてしまうことだけは避けなければならない。その恐怖に比べれば、あとはどのようなことだって我慢できる。

　ただし、このような我慢にも最低限のメンタルの強さが求められるから、その強さがない人にとっては非常に酷なことではあるが、真っ暗闇の世界に放出される前に住み慣れたはずの「自分の家」の中で死んでしまうことになる（これは比喩だが、最悪のケースの場合には本当に死ぬことになる）。

3．組織への甘えと自己の過小評価

　組織の規模が大きくなるほど、皆の「我慢」によって何とか組織体が保たれているとも言える。皆それぞれが自己主張を始めて我儘を言い合っていては秩序も保てない。

　しかしそれでも、時たまの我儘だったり、ごく少数の者による自己主張であれば組織の秩序も揺るがなそうなものであるが、我儘を言ったり自己主張するにはそれなりの自信がなければならないところ、「日本人ビジネスマン」は全般的に自らを過小評価している人が多い。

　なぜかと言えば、教育課程の中で自己主張や自己アピールの「術」を習っておらず、むしろ自己主張しないほうが組織やグループの中では巧くやっていけるというような別の「術」を教わってきているからだ。後述（→p.139）するが、「スキル」というものによって自らを表現するのが苦手な人が圧倒的に多いのもこれが原因だ。

　他方で、組織への甘えもある。自己主張やアピールをしなくても、何となく自分のことはわかってくれている、従順にしていれば、その見返りとして、完全に希望を満たしたものでなくても悪く扱われることはないというマインドだ。

　さらに、今となっては何の根拠もないはずなのだが、なぜだかほとんどの人が「所属している組織は半永久的に存続する」あるいは「自ら辞める

選択をしない限り、所属組織との関係が終わることはない」という仮定の
もとに行動している。

4. 転職へのためらいと家族との関わり

　社会全体の風潮が「石の上にも3年」というものであるから、家庭の中
でもそのような論理が働く。

　せっかく本人が転職を決断しようとしても、人材エージェント業界や
転職業界で有名な「嫁ブロック」「旦那ブロック」という言葉で表される
ように、最後の最後で配偶者の猛反対にあって転職が実現しないという
ケースを筆者自身もたくさん見てきた。

　所属している企業の中で自由を奪われ、我慢を強いられ、それが家庭内
でも繰り広げられる。もう自分を殺して生きていくしかない。

　全くもって、「持続可能ではない働き方・生き方」を多くの人が強いら
れているのである。

03 | 筆者自らの体験から、原因を考える

　では、これらの問題は、なぜ改善されずにここまで来てしまったのだろうか。自身の経験やこれまでの歩みを振り返りながら考えてみる。

キャリア観と教育課程

　キャリア選択とは少し異なるが、私自身は「学校選択」を主体的に行った。小中学校は地元の公立であったが、小学校卒業を控えた頃になぜだか「中学校の3年間だけは真面目に勉強して、大学まで100%進学できる附属高校に必ず合格する。欲を言えば、自宅から電車で通いやすく、なるべく近いところで」という明確な目標を設定した。

　そのような条件を満たす学校はほぼ1つに絞られた。ターゲットが明確なので、そこに向かって確実に、決してやり過ぎることもなく極めて効率的に合理的にプロセスを進めて予定どおり合格した。

　しかしながらそこに「キャリア」の観点は全くなく、「将来的にどのような方向の職業に就きたいから、逆算方式でそこに向けた学びの機会を得やすい学校に」という発想は皆無だった。何となくブランド力のある学校であることは子供（と言っても中学生）ながらにも明らかであると考えていたし、「そのような学校を卒業しておけば選択肢は広がりそうだ」くらいのイメージしかなかった。

　高校に入学すると、「あとはいかに楽をして卒業するか」しか考えなかった。確か高校2年の時に、理系にも進める可能性を残す科目選択をするか、

あるいは文系の学部しか選択できない科目選択をするか、まさに選択を迫られた。迷わず楽なほう、すなわち、専門性や難易度が高い科目を履修しなくてもいい文系オンリーコースを選択した。

　この時、たかだか16歳か17歳くらいだった自分が「理科系の勉強（のみならず、その先に続く職業的なものも含めて）に関して素養というか、センスがあるのかないのか」などということは皆目見当も付かなかった。単に、「難しそうな勉強は嫌いだ、苦労はしたくない」という発想しかなかった。

　その選択が後々どのように影響してくるのか、どのように人生の選択肢を狭めるのか想像もできなかった。

　はっきりしていたのは「医学部への道は断たれて、医者になることはこれでないだろう」という認識だけであり、その点については何の心の引っかかりもなく、諦めも付きやすかった。医者という職業に興味もなければ、「そこまで自分は優秀ではない」という思い込みもあった。

　しかし、よくよく振り返ってみれば、優秀か優秀でないかというのは恐ろしく曖昧な基準であり、その高校に合格したというだけで全国的に見れば優秀な部類には入っていたはずであり、現に同級生の何人かがそのような選択をしたとおり、系列大学の医学部にこだわらなければ外部の国立大学の医学部を目指す「資格」は十分にあったのだと思う。

　国立であれば、金銭的にも決して非現実的な選択ではなかった。だからと言って、「本当は医者になりたかった。今更ながらに後悔している」ということでは全くない。

　今振り返ってみて「恐ろしいな」と感じるのは、そのような重大な決断をするにあたり、両親や兄弟、先生や周囲の友達を含め、親身にアドバイスをくれた人はおらず、おそらくその要因は自らが真剣になって誰にも相談しなかったからでもあるのだが、「キャリア観というものを一切持ち合わせていなかった16歳、17歳の未成年が安易な考えで道を狭めてしまった」という事実である。

将来的な職業のイメージがついていないのなら、それはそれで仕方ない
ものの、なるべく選択肢は多めに広めに残しておくべきであろう。少しで
も冷静になり、戦略的かつ合理的に判断をしようと思えばそうなるはずで
ある。

　最も理想的なのは、中学生や高校生なりに少しでもキャリア観を持ち、
具体的な職業をイメージして、それに向かって戦略的かつ合理的にさまざ
まな判断をすること。

　キャリア観や職業のイメージがない場合は、これまた戦略的かつ合理的
に「選択肢を狭めない、広いまま維持する」という方向での判断をしてい
くべきなのだ。

　その後、高校ではごく普通の成績を収め、ごく普通の成績に相応しく、
その割には「つぶしが効く」と信じられていた経済学部を選択して既定路
線のように大学に進学した。

　大学でも特にキャリア教育を受けることもなく、ただ、選択したゼミ仲
間の価値観の多様性とモチベーションの高さには助けられ、いい刺激も受
けて就職活動には意欲的に臨むことができた。

人生で最初のキャリア選択

　それまで学んできたことや自分自身の特性を何ら活かせるわけでもな
かったが、ただただ「縁」には恵まれて、当時にわかに脚光を浴びていた
（浴び始めていた）IT業界、中でも特に「飛ぶ鳥を落とす勢い」と言われて
いた日本オラクルに新卒で入社した。完全なる「ポテンシャル採用」だった。

　新卒入社の約8割を占める理系人材については、米国の大学でコンピュー
タ・サイエンスを学んだりして専門性を持った学生を厳選していたようで
あるが、残りの2割の枠についてはあえて思い切って「ポテンシャル採用」
のような方針を取っていたように思われる。

ただ、私の場合は全く（これは謙遜でもなく）、「ポテンシャル」さえもあるか否か定かではなかったはずだ。

　単に、最終選考で落とされそうであることを、何となくの直感で察知した私が人事部の採用担当者に直接電話をかけ、自分の「やる気」だけを必死で売り込み、その結果「何か面白い人だね」と言われて即日に内定通知をもらったという経緯があった。

　私にとってはまたとないビッグチャンスをもらった形となり、その後のキャリアはいろいろな変遷がありながらも、大きな括りで言えば、ずっと同じIT業界という枠の中で何とかやってこられたことを考えると、そのような一見出鱈目とも思える採用を否定したくはない。

　すべては何らかの偶然と縁が重なり、人の気持ちの面だけで関係がつながり、結果としてその後のキャリアの方向性を決めるきっかけとなった。

　ただ、そのような「縁」のきっかけは自らの積極的な行動によって掴み取ったものである。自分にとっては全く知らない会社名であり、具体的に何をやっている会社なのか、どの部分に強みがあるのか、入社してからもしばらくはわからなかった。

　そのような会社に、何となくの雰囲気とイメージから惹かれて、説明会というより非常に大規模で派手な自社イベントであったが、これにはどうしても参加しておきたくなって会場に足を運んだのである。

　内容についてはどうしても理解できないものの、「何となくすごいことをやっていそうだ。勢いもありそうだ。ここで仕事をしたら楽しそうだ」という確信を持つことはできた。入社して1、2年くらいは「直感は当たったな」と思えたくらいであったから、非科学的なマッチングも捨てたものではないとも思える。

最初の挫折

　しかしながら、その綻びはすぐに露呈した。「適性」というものを特に考慮されたマッチングではなかったため、会社組織の全体としての雰囲気は想像どおりで「何となく楽しく働けている感じ」はするものの、仕事の中身や「やりがい」について真面目に考えれば考えるほど、入社後3年も経つと疑問が募っていった。

　その後、社内で別の新たな機会（オポチュニティ）を探してみればよさそうなものであるが、自身の適性はもともと見えていないし、強みを「スキル」として捉えるという発想もなかったために、一度キャリアに疑問を感じてしまうと、「もう、この会社に居続けること自体がよくないのではないか」「この会社の中には自分に適した場所はないのではないか」という近視眼的な考えが強まっていってしまった。

　ここでも他責になるようだが、「あなたにはこういった仕事のほうが合っているのではないか。それなら社内にも機会（オポチュニティ）が存在するからチャレンジしてみてはどうか」というアドバイスや引き留めは皆無だった。

　もちろんここでも、自分から積極的に誰かに相談もしなかったし、もしかしたら、そのようなアドバイスをシャットアウトするような雰囲気を自ら醸し出していたのかもしれない。結局のところ、新卒で入社してからたったの4年であっさりと日本オラクルを退社した。

　その後は、当時「日本型ロースクール構想」としてちょっとしたブームだった「法科大学院（とは言っても、いわゆる「弱小ロー」に分類される学校）」に入学して、新司法試験突破に向けて3年間は真面目に勉強した。根拠のない自信で合格間違いなしと思い込んでいたが、結果は不合格で2回目以降にチャレンジする気にはなれなかった。合格は間違いないという確信でいたのに不合格になるということは、法曹というのはどこか決定的に相性の悪い世界なのだと割り切った。

最初のキャリアチェンジ

　割り切ったはいいものの、新たな食い扶持を見つけなければならなくなり、新卒入社してお世話になった日本オラクルを退社して以降、これと言って新たなスキルを身に付けたわけでもなかったため、再び同じような業界に戻るしかなかった。ここでも自らのキャリアを戦略的に捉えるという発想はなく、「昔取った杵柄」を活かせるところという狭い選択肢の中から、旧来からのありがたい人の縁にも恵まれてSAPジャパンに入社した。「拾ってもらった」という表現のほうが正しいかもしれない。

　入社の経緯自体が受身であったが、どのような部門で、どのような職務を担当するかということについても完全に受身だった。財務会計領域のちょっとした知識はあったため、その分野の基幹業務システムの教育ビジネス（コンサルタント養成のインストラクター）を希望したが、職種としては希望どおりだったものの、分野はなぜか人事管理の領域を担当することになった。理由は、ちょうど私と入れ替えで、前任者の女性が産休に入るタイミングだったからだ。

　しかし人生（キャリア人生）とは面白いもので、このような完全に受身、かつ単なる偶然によって決まった「次の道」が、私のその後のキャリアをあらゆる意味で好転させることになった。

「点」と「点」をつないで「線」に

　今振り返れば、これが私にとってのHRテクノロジーという世界との出会いだった。その後は面白いようにすべてが巧く回り始めた。人材エージェント業のちょっとしたお試し体験も経て、エージェント側の特権とも言える、顧客企業からのいち早い重要求人ポジションの情報を察知して、それを誰かに紹介する前に真っ先に自分自身で応募して掴み取ったのが、

日本IBMにおける最先端HRテクノロジーの日本展開のポジションであった。そこではインフルエンサー的な活動を始めるきっかけももらい、初の書籍出版にもつなげ、2021年5月の独立（起業）まで、「人事ソリューション・エヴァンジェリスト」という地位を築いて、一貫してここまでやってくることができた。ただここで注意が必要なのが、私の場合はたまたまランダムに描かれた（置かれた）点と点を、自分なりの直感でつなぎ合わせ複数の線をさらに紡ぎ、自分なりの意味を見出して、ほぼすべてを活かし切ることができたが、これを誰もができるかと言えば、確率論からすれば、その可能性は恐ろしくらい低いはずだ。

　直感以外にも人の縁、タイミング等々が無数に関わり合っているため、再現性や法則性も見出すのは難しいのではないか。

ミスマッチの根本原因

　皮肉なことに、このような受身、運任せ、人任せというキャリアのパターンは、ほとんどの人に当てはまる標準形なのではないだろうか。だとすれば、このようになってしまう根本の原因は何だろうか。

　自分の例に置き換えて考えるに、「**自分で自分の強みや特性を理解しきれていなかったこと**」に尽きる。

　それはそのまま「現在地を把握できない」ということにつながり、「この仕事はあまり面白くないな、本当に自分に合っているのだろうか」と感じたとしても、それが自分のやる気の問題なのか、他にもっと合ったものがあり、たまたま今だけそうではないものが回ってきているのか、何をどのように工夫すれば、少しはいい状態に近付けるのかといったことが全くわからない「暗中模索」の状態にすぐ陥ってしまった。その暗闇から抜け出せるのは、幸運の女神が微笑んだ僅かな瞬間を見逃さずに、「前髪（後ろ髪はないと言われている）」を掴むことのできた人だけなのだ。

04 | 元来、日本企業が巧くやれていたことから探る「解」

日本企業の強みとは

　昨今、「人的資本経営」が注目されているが、もともと「従業員を会社にとって大切な資産あるいは資本」と捉えてきた日本企業にとっては親和性がある考え方のはずである。「人的資本経営」とは次のような営みを言う。

──「人事マター」にとどめるのではなく、むしろ「経営マター」として真っ先に取り組むべきは、「人（従業員）」を単なる「リソース（消費すべき資源）」扱いするのではなく、持続的に価値創出をしてくれる重要なアセット、ないしキャピタル（いずれにせよ、投資すべき対象）として見て、「コスト（人件費）」として損益計算書に計上するだけでなく、経営戦略上重要な非財務情報、中でも最重要とされる「人的資本」として開示していくための大前提とも言えるマネジメント──

　そのためには、「人への投資を積極的に行い、人事・組織領域・財務の各種データとHRテクノロジーを活用して、科学的に意思決定を行うマネジメント手法（HRテクノロジーコンソーシアムの定義による）」への転換を進めなければならない。

　ただ、これまでも多くの日本企業は「現場主義」「人中心主義」「家族主義経営」「企業は人なり」「人は財産」などというスローガンや社是を掲げてきたのであり、もともと日本企業の経営者は根本思想の部分で、DNAレベルにおいて親和性が高そうである。

まず、日本企業は、長期的な人間関係の中で成長を促すことが伝統的に得意だ。主に製造業におけるモノ作り現場によく見られることであるが、中長期視点での人の潜在的可能性、ポテンシャルに着目して、長い目で見守りながら、一人ひとりの強みを活かして、それぞれの「道*」を極めていくことを支援するような土壌がある。「○○道」を極めるというのは、おそらく武道の世界における価値観にも通じるのだろう。この点は間違いなく日本的経営、人材育成のよさである。

> ＊　「道」…古来から日本には、剣道、柔道、茶道、華道など「道」という言葉が付く武術や芸術が数多くあるが、心身の修練の仕方や物事の考え方、美意識、振る舞いの作法、ひいては博愛・倫理・道徳観をも含んでおり、道を修め、極めるためには常に修行・修練が必要とされている。そのため、単なる術ではなく「道」と称される。

（参考）

魚住孝至『道を極める―日本人の心の歴史』ＮＨＫ出版・2016年

放送大学専門科目／人文学〻道を極める―日本人の心の歴史（'16）

https://bangumi.ouj.ac.jp/v4/bslife/detail/89800202.html

　次に、日本企業には伝統的に、人にしかできない仕事を見つけていく文化がある。

　従業員一人ひとりの「強み」を活かして、さらに極めていくことを徹底すれば、多くの局面で「AI脅威論」にも対抗できるはずだ。生成AIの本格活用によって、さまざまな仕事が省力化されていくことになるだろうが、どのようにテクノロジーが進化しても、「そこから先は人間にしかできない」という領域において技を磨いていくイメージだ（人間はもちろんテクノロジーを相手にしても）。誰にも負けないスキルを習得したり、伸ばしていくことは、キャリア自律のための不可欠要素でもある。

　昨今のキャリア構築のトレンドとしては、2、3年に1回というような短期的な社内でのジョブチェンジや転職を繰り返して経験領域が広がる分、スキルセットも幅広く持つようにして、できるだけ「なくならない（AIに

取って代わられない）仕事に就くこと」がもてはやされているかもしれないが、これは「持続可能な働き方」の本質ではないと感じている。

　会社、職業、職種、業界といった「枠組み」を決めてしまうのではなく、何よりも自分の「**強みを極めていく**」という捉え方をすると、「持続可能な働き方」の本質に近付けるのではないだろうか。

　自分の強み、生き方、価値観を貫くためであれば、結果として転職する場合でも、あくまでもそれは「自分主体」である。

　そのため、転職先で、元職の時に抱えていた不満が再現されたとしても、周囲の環境のせいにすることを防げるのではないか。

　収入や報酬額の水準についても、賃金を上げるために転職したり新たなスキルを身に付けることを考えるのも戦略と言えなくもないが、収入を上げることが先に来るのではなく、「**本当に幸せになるには自分の強みや価値観をどのように活かしたり貫いていけばいいのか。そのためにどのような『道』を選択すればいいのか**」を戦略的に考えるべきだろう。

　これらを戦略的に考えた結果、「自社に居続けるほうがいい」という結論に至る人の割合が、わが国においては多いのではないだろうか。特に製造業のモノ作り現場や、それ以外にも「手に職」系の分野においてはそうなのではないかと思う。

　働き方についての日本的な価値観を無闇に否定するのではなく、また、「自分の仕事はAIに置き換えられてしまうのではないか」と必要以上に脅威に感じる必要もなく、自分の「腕」や「技」にさえ自信があれば、仕事はいくらでも新たに創っていけるものだと楽観的にもなれるはずだ。

　自分が信じたものを愚直に追求していけば、それが新たな「道」となっていく。それぞれが、それぞれの道を歩んでいけばいい。自分オリジナルの「○○道」を創ってしまおう。

家庭内でのキャリア教育

　組織を離れて家庭の中では、従業員個人は、それぞれ自分の子供に特定の「道」を押し付けないほうがいい。

「自分はこのような理由で道を選んだ。このようにして道を創った。参考にできそうならすればいい。さあ、あなたはどうする？」というように、自らの体験・経験を引き合いに、「案」は示すものの、最後は自分で選択をさせたほうがいい。

　前の世代、上の世代の考えや経験してきたことのほとんどは、もう役には立たないはずだ。ただ、親にしかわからない子供の特性、強み、弱みや課題もあるはずであるから、親身になってアドバイスを、さらに欲を言えば、キャリア教育やキャリアカウンセリング的なことはやってあげるべきだろう。

　その時も、上から目線の「ティーチング」ではなく、自分と子供のこれからのあり方をともに考えていき、ともにアドバイスし合うようなコーチングや相互のメンタリングのようなイメージを持つことが大切だ。

　社会の中でどのようにして生き残っていくか。勝ち残り競争のような意味合いではなく、社会から認められる存在で居続けるためには、どのようなことをしていけばいいのかを家庭の中で話し合っていこう。

　現役である自分の置かれた現実と展望を「短・中期戦略」の1つのサンプルとして提示し、それを叩き台、素材として、次世代を担う子達のキャリア自律を考えるきっかけを与え、自分で選び取らせるような、長期戦略をともに考えるようなイメージだ。

　このような家庭における営みのうち、「巧くいっていそうだ」という実感があるのであれば、それをいいCASE（好事例）として学校教育の現場にも提供するといいのではないか。

05 | 圧倒的、絶対的に欠けていたこと

旧来の方法論を一度脱構築して再構築化する

　これまで多くの日本企業が「現場主義」「人中心主義」「家族主義経営」「企業は人なり」「人は財産」などというスローガンや社是を掲げてきたものの、これらのスローガンが虚しく形骸化してしまっている企業が大多数であることもまた事実である。形骸化の要因はいろいろ考えられる。

終身雇用の崩壊

　まず、日本企業の「大家族主義」の象徴でもあった終身雇用という仕組みの崩壊である。2019年5月13日当時、トヨタ自動車の豊田章男社長（現会長）が、日本自動車工業会の会長会見において、終身雇用に関して「雇用を続ける企業などへのインセンティブがもう少し出てこないと、なかなか終身雇用を守っていくのは難しい局面に入ってきた」と述べた。

　また、ほぼ同時期に経団連の中西宏明会長（当時）も、「企業から見ると（従業員を）一生雇い続ける保証書を持っているわけではない」と述べ、雇用慣行の見直しを唱えたことは記憶に新しい。

「とにかくウチに居続けてくれれば幸せにしてあげる。その代わり、組織のために身を粉にして働いてくれ。仕事内容は選べないかもしれないけれど、悪いようにはしないから」といったような約束（契約）が成立したのも、「普通に頑張れば定年まで働いてもらえるし、定年後も金銭面で相当程度

の生活を保障する」という終身雇用の仕組みとの交換条件が成立していたからだ。

　人材育成の方針についても、「特に専門性が身に付くわけでもないし、『外の世界』で通用するかはわからないが、社内ではずっとやっていけるようにずっと面倒を見てあげるよ」といった、子育てに喩えれば「過保護」とも思えるやり方に現実味があったのも、「企業は永続するものである」というあまり根拠のない前提があったからだ。

　子育てに喩えれば、「お父さんもお母さんも、ずっと先まで生きている。少なくとも、あなた（子供）よりも先に死ぬことはない」と約束しているようなものである。子育てに置き換えてみれば誰もが理解できるはずだが、「先に死ぬことはないから安心しろ」というのは甚だ無責任な約束である。これが、本当に従業員を大切にしていることになるのだろうか。

　真に従業員（子供）のためを思うのなら、「この会社だって、いつ、どうなるかはわからない」「お父さんもお母さんも、急に病気になってしまうことだって、突然事故に巻き込まれてしまうことだってあり得る」ということを伝えたうえで、「だから、明日からでも独りでやっていけるように、それくらいのつもりで、私達はあなたを厳しく育てるよ」といった「愛の鞭」が必要なのではないか。

価値観の変化

　次に、働き方、生き方に対する価値観の変化にも着目したい。

（参考）ローランド・ベルガー　最新スタディ「新型コロナウイルス 生活者の価値観・消費行動・働き方はどう変わるか」2020 年 5 月

https://rolandberger.tokyo/news/1948/

　同スタディでは「要旨」として、――「労働者は、COVID-19 に伴う

非常事態の中で新たに生じた価値観に基づき、自らに最適なキャリアを
志向するだろう。具体的には、

- 職業選択・キャリア観（例：ワークライフバランス志向の強化）

- 働き方（例：リモートワーク／フレックスタイムの定着）

- 組織制度（例：パフォーマンス・ベースの評価の徹底）

- インフラ（例：利便性強化のためのオンラインツール利用加速化）

の観点から、働き方に変化のトレンドが発生する」──と述べ、さらに、
「労働者の意識変化を背景に、企業は各社員に最適化した労働環境の提供
をしていくことになる」とまとめている。

　また、同スタディのサマリー版レポートのp.29から「働き方の変化」に
ついて説明されている。その中で、キャリア観・職業選択における労働者
側の変化として、「非常事態の中で新たに判明した自らの価値観に沿った
キャリアを歩みたい」とし、企業側の対応（例）として、「採用数が限られ
る中、より優秀な人材を確保すべく多様なキャリアパスを用意する」が挙
げられている。これは、いくら企業側が「従業員は大切だ」と言っても、
ただ思っているだけで個々の価値観の違いに対応できなければ、さっさと
出ていかれることを前提にしなければならなくなったことを意味する。

　さらに、ビズリーチが会員企業に行った「新型コロナウイルス感染症拡
大に伴う働き方やキャリア観・転職活動への影響に関するアンケート」で
は、「約6割のビジネスパーソンが新型コロナウイルス感染症の拡大を受け、
キャリア観が変化した」と答えた。そのうち9割以上が「企業に依存せず
に、自律的にキャリア形成する必要がある」と考え、新型コロナウイルス
感染症の拡大を受けて、57％が「転職活動に前向き」と回答した。

出典：ビズリーチプレスリリース（2020年4月30日）
調査期間2020年4月20日〜2020年4月22日、有効回答数：517
https://www.bizreach.co.jp/pressroom/pressrelease/2020/0430.html

同様の調査結果は他にもあり、エン・ジャパンがミドル世代に特化した求人情報サイト「ミドルの転職（https://mid-tenshoku.com/）」上で、サイトを利用している35歳以上のユーザーを対象に「コロナ前後のキャリア観の変化」についてアンケートを行った結果（1,707名から回答）、半数以上のミドルが、コロナ禍の前後で「転職意向が高まった」と回答したとされ、転職検討理由について、「30代は『仕事を通じた成長実感の有無』、40・50代は『業界自体の先行きへの不安』が第1位」とされている。

出典：https://corp.en-japan.com/newsrelease/2021/26634.html

分野によるスキルニーズの偏り

「強みを活かして、さらに極めていく」というのも、結局のところは分野によりけりだ。AIを始めとする、さまざまなテクノロジーのほうが圧倒的に強みを発揮する分野において、能力の面でいろいろな限界を抱える人間が張り合っていくのはナンセンスである。

　スイスの国際経営開発研究所（IMD）が2022年9月28日に発表した「世界デジタル競争力ランキング2022」によると、「東アジアの国・地域を見ると、韓国が8位、台湾が11位、中国が17位などとなった一方、日本は前年から1つ順位を下げ、過去最低の29位となった」とのことであり、「『国際経験（知識）』と『ビッグデータ活用・分析』『ビジネス上の俊敏性（Business Agility：未来への対応）』の項目では調査対象国・地域の中で最下位」という結果であった。

出典：https://www.jetro.go.jp/biznews/2022/10/1128218948d5f5df.html

（参考）IMD「World Digital Competitiveness Ranking 2023」（残念ながらさらに順位を落として32位となっている）

https://www.imd.org/centers/world-competitiveness-center/rankings/world-digital-competitiveness/

日本のデジタル化が世界的に遅れていることの証左であるが、デジタル化すべき領域というのは、本来、人間を張り付けておくべきではない仕事領域のはずであり、未だにこの領域に多くの人員を配置していて「企業は人なり」とはよく言ったものだ。

　こうして見てくると、これまで日本企業が「よかれ」と思ってやってきたのは名ばかりの「人中心」であるとも言え、本当に人材を大切にしてきたのかと言うと疑問である。
　先にも述べたとおり、言ってみればこれは子供の家庭教育と同じく、従業員への「甘やかし」が原因ではなかろうか。
「家族主義経営」の本来の意味を履き違えてしまい、「悪しきパターナリズム」に陥っていたとも言える。
　子供に「何でも認めるから好きなようにさせる」というのは、「両親がもし突然いなくなったら」という事態を想定していないということと同じである。本当の愛情とは、「もし両親がいなくなっても問題なく生きていける力を付けさせること」ではないか。
　これを「キャリア」に喩えると、従業員のキャリア自律を促すことを怠り、むしろ組織への依存体質を助長させてしまったことが問題の本質ではないか。
　従業員側もその状況に甘え、会社が提供してくれるものを求めるだけに留まって自律心を養うことを怠ってきたのではないか。
　こういった状況を打開するためには、まず、何から始めればいいのだろうか。どのような発想の転換が求められているのだろうか。

06 | 温故知新と自我作古

　知らぬ間に劣化してしまった「日本型経営」ではあるが、もともとの「よさ」の部分は残し、あるいは復活させ、悪しき部分は大鉈を振るってバッサリと切り捨てる覚悟を持たなければならない。

　この時に必要なのは、あくまでも「個（個々の従業員）」を主役として、価値観や想いを最大限に尊重しながら、結果として企業も強くなる（競争力強化、差別化の促進）ような道筋を見出すことだ。

　「個」を尊重した結果、組織が弱体化するようなことになれば、「個」の想いを実現するための「場」がなくなることになり、回り回って「個」が不利益を被るからだ。

　では、「個（の想い）」と「強い組織」は両立可能なのだろうかという疑問が生じそうである。しかしこの点については、そもそも「両立」という表現自体が不適切であると考える。

　企業（組織）はもともと「個（一人ひとりの従業員）」が集まって構成されているものであるから、組織の強化を考えるのであれば、その構成要素である「個」の強化があってこそである。「個の強化」とは、「個」の価値観や想いを尊重することで、持ち味や実力をいかんなく発揮してもらうことに他ならない。

　そもそも、日本人は元来「集団主義」なのだろうか。そのようなイメージは単なるステレオタイプであって、「日本人は集団主義的という通説は誤り」という研究成果も発表されている。

（参考）東京大学 PRESS RELEASES「『日本人は集団主義的』という通説は誤り」
https://www.u-tokyo.ac.jp/focus/ja/press/p01_200930.html

この「研究成果」の中では、思想史に関する調査の結果、「日本人は集団主義的」という見方は、日本人自身が初めから持っていたものではなく、欧米人、特にアメリカ人が言い出し、それを日本人も受け入れたものであることが明らかになった。

　欧米人、特にアメリカ人は、自らを形容するために、ポジティブな意味で「個人主義」というレッテルを使うことが多い。

　異文化に属する日本人に出会った時、その「個人主義」の対極にある「集団主義」というネガティブなレッテルを貼りつけたのではないかと推定されている。

　もしそうであるならば、われわれ日本人は、そろそろその呪縛を自ら取り払い、キャリア探索においては、ポジティブな意味での「個人主義」を少しずつでも取り入れていこうではないか。

　いいところは残す、復活させるという観点では、次の2点が鍵を握ると見ている。

　1つ目は、「オタク文化」の尊重である。言い換えれば、「匠の世界」の追求である。伝統を重んじ、先人の教えや技を受け継ぐ。細部まで、とことんこだわって突き詰める。唯一無二のモノを創り出す。同じものは2つとしてない。

　2つ目は、「おもてなし文化」の尊重である。究極の「顧客体験（カスタマー・エクスペリエンス）」の追求の文化が、わが国にはもともとある。ただし現代風にアレンジして、このノウハウや考え方を「従業員体験（エンプロイー・エクスペリエンス）」の追求に活かすのである。

　個別化（パーソナライズ）はお手のもののはずである。相手を慮る気持ちも誰にも負けないのだから、あとは価値観の変化に巧く対応し、さらに自己犠牲の要素を少し薄めていけばいいのではないか（逆に、「個人主義」の要素を少し取り入れるとも言える）。

「悪しき部分はバッサリ切り捨てる」という観点から、まず避けられないポイントで、直視しなければならない問題と言わざるを得ないのが、「新卒一括採用」という風習である。「この仕組みにもよさはある」という向きも多いが、私から見れば、それらはどれもがこじつけの理由だ。

例えば、「まだ社会経験もなく、右も左もわからない若者に対して、道を決めつけるのではなく、彼らの持つポテンシャルに賭けて、じっくり、ゆっくりと皆で協力し合って育て上げていくのがいい」という理論だ。

変化の激しいこの時代において、「右も左もわからない」というのは常だし、新卒の人達に限らず、社会人を何年やっていても、さほど状況は変わらないはずだ。「右も左もわからない」という状況の中でも、少なくとも自分自身の適性や「強み」はしっかりと把握したうえで、その瞬間で最適なキャリアを選択していく必要がある。

しかしながら、大学でも高校でも義務教育課程でも、それらを把握するための工夫がなされていない。だから仕方なく、まず初めは「新人研修」なる非常にジェネラルな内容の研修を実施して、最低限のマナーやお作法を身に付けさせるところからスタートせざるを得ないだけである。

新人研修期間中に適性や「強み」の把握ができればまだいいが、この期間を経てもそれは無理なので、一番初めの配属先は、あまり根拠のない基準や方法で決定される。

最初の仕事内容との相性も重要だが、もっと重要なのは、最初に出会う上司との相性だ。これが巧くいかないだけで、社会人失格のレッテルを貼られかねない。一度でも脱落した者に冷たい社会であるから、およそ復活のチャンスは与えられない。

もう1つ、バッサリと切り捨てられるべきは、「ジョブローテーション（定期異動）」だ。「ジョブローテーション」の定義として、「従業員の能力開発を目的に、人材育成計画に基づいて行われる戦略的な異動のこと」と

いうものもよく見られるが、果たしてここで言う「戦略」とは、いかほどのものか。それは経営戦略としっかりと紐づいた人材戦略を意味するものなのだろうか。

「従業員の能力開発を目的に」というのは、確かにそうかもしれないが、マネジメント目線での一方的なものになってはいないか。従業員側の希望は反映されているのか。従業員の持っている特性やスキルをもっと活かせるようにという「持続可能な働き方」の観点は入っているだろうか。

　実際に筆者が経験した、残念なケースを紹介しよう。

　今から数年前、人事ソリューションのベンダーの立場で、とあるメガバンクの人事変革の相談に乗っていた。

　リーダーのＮ氏は大学時代に体育会の部活で主将を務めていたこともあり、持ち前のリーダーシップと行動力、素早い判断力によって数々のミニプロジェクトをいくつか統括して前に進めていた。

　構想段階にあった目玉施策としては、従業員側の保有スキルや性格特性を可視化して、それらのデータを用いて適切なラーニングメニューや、人材育成プログラムがレコメンドされたり、上司が部下にアドバイスすべき内容がChatbotによって提示されたり、人の行動変容を促す仕組みを最先端のテクノロジーで実現しようというものだった。

　そのテクノロジーをトライアル的に活用して、実証実験（PoC）を開始しようとした矢先、このＮ氏が東京郊外の支店長ポストに就くことになった。「そろそろ定期異動のタイミングに差し掛かりそうだ」という懸念は当初から言われていたが、流石にこのような「大プロジェクト」のリーダーを任されている人材の身には、「適用除外」のような特別な措置が取られることを期待していた。

　しかし、ジョブローテーションを考える担当者のもとには、このプロジェクトが、いかにこの組織全体（メガバンクなので規模のインパクトがある）、

大袈裟に言えば、金融業界全体に与える影響が大きいのかという情報は全く伝わっておらず、そのような発想すらなかったようである。残念なことに、予定どおりの異動が行われ、形式的な引き継ぎは行われたようであるが「魂」の部分まで引き継ぐことは難しく、予想どおり、このプロジェクトの構想は「お蔵入り」となってしまった。

このジョブローテーションに「戦略性」があったかどうかは甚だ疑問だ。従業員個人の側の「持続可能性」についてはどうだろうか。

確かに、このようなメガバンクにおいては2、3年に一度のジョブローテーションは当たり前のことであるし、組織全体のキーポジションを満遍なく経験させることによって、将来的にマネジメントを任せるために支店長ポストを経験することも「登竜門」なのだろう。

そうすると、少なくともN氏が定年を迎えるまで、この組織の中で働き続ける前提であれば「持続可能な働き方」のために、今回の出来事が一役買ったと考えることもできるかもしれない。

しかしながら、この大プロジェクトをやり遂げる経験のほうが、もっと広い世界で見た時の人材の価値は増大したのではないだろうか。

ただし、本人の希望の有無について言えば、今回のケースに関しては、N氏本人にとっても満更ではないようであった。その後も活き活きと仕事を続けられている様子であり、それがせめてもの救いだ。

筆者の考える「解」は次のとおりだ。

採用については、どうしても学校教育の仕組みも関わってくる。ジョブローテーションについては、パナソニック インダストリーの事例（→122ページ）が1つの「解」のあり方と言えるだろう。それぞれ順を追って説明していく。

「採用」の変革

　ある特定の時期にまとまって「新卒」を採用するスタイルのほうが学生、企業双方にとって効率的であれば、その部分は変えなくてもいいだろう。

　ただし、「その時期」に就職活動をしないとか、活動はしたものの希望の企業に内定できなかったため、そのタイミングでの就職は見送ったというような学生について、いかなるディスアドバンテージもあってはならない。

　遠回りの期間中、どのような経験をしていたかの内容にはよるものの、むしろ、「遠回り」をした学生こそ興味を持たれるべきであり、その点が高く評価されなければならない。「通年採用」と呼ぶかはともかく、「今年の新卒採用はここで締め切り」という制度は廃止すべきだ。いつでも、気が向いた時に、そして何度でもチャレンジできる仕組み作りをすべきだ。

　また、キャリア採用組と新卒採用組で、ことさら分ける必要もない。圧倒的に「社会人経験」が違うではないかという意見が多いだろうが、見極めポイントの工夫により、同じように考えることができる。

「経験」に固執するのではなく、「ある経験を通じて、どのようなスキルを身に付けたのかというデータ」と、「アセスメントの活用によって、得られる性格特性や職業適性のデータ」を判断の拠りどころにすればいい。

　これらのデータは、実のところ「社会人経験」が長かろうが、ほとんどなかろうが、ある意味では「公平」に取得できるのである。

　実際に、2023年の6月から12月にかけて、昭和女子大学の学生8名を対象として、筆者が代表を務めるＳＰ総研が「スキルの可視化」を試みたところ、一般企業向けの同様のワークショップを実施した場合と何ら遜色のないスキルが30個ほどリストアップされた。その質・量ともに、いわゆる「社会人」と比べても、学生達は全く見劣りしなかった。

　ただ現実として、社会人経験が長い人は「経験」のアピールのみならず、

自身のビジネス上の強みや特性を語ること、表現することに慣れているだろう。他方、学生は「ガクチカ（学生時代に力を入れたこと）」をアピールする練習はしているものの、ビジネス上の強みや特性という観点で自分を表現することに慣れていない。

　また、どのような仕事をしてみたいか、その理由は何かという説明も巧くできないだろう。そこで、学校教育と家庭教育においては、これらをアピールする訓練を重ねるべきだ。職業教育、キャリア教育の実践は、まだまだこれからの日本社会全体の課題だ。（→テクノロジーの活用を視野に入れた具体的方法は第3章を参照）

「異動」の変革

　経営幹部以外のポストやポジションについては、「社命」による異動を全面的に廃止。経営幹部以外のポストについてはすべて「社内公募制」を採用した企業の例がある。パナソニック インダストリーだ。

　以下、この事例を「ステップ」ごとに分けて紹介することにより、日本企業が向かうべき変革への道筋を示したい。

ステップ1：具体的活用シーンの決定

　グループとしての枠組みが変わり、ホールディング体制となる中で、新会社発足にあたり、改めて「人財資産」を中核に据え、「一人ひとりが主役の会社の実現」を表明した。それにあたって、ありたい人、組織、文化作りに向けた「新 人事制度（人財マネジメントシステム）」構築のための一大プロジェクトをスタートさせる。

　その取り組みの第一弾として、異動や昇格について、これまでの社命中心のものから、「社内公募制度」を中心とした自己発意型に大きく軸足を転換した。その具現化のため、まずは、課長以上のポストすべてについて、

精緻なジョブ定義を行うことにした。

　ただし、組織主導、人事主導で「あるべき論」によるモデル人材の要件定義を行う方式では現場に浸透しない、定着しないということが予め<ruby>予<rt>あらかじ</rt></ruby>め予想されたため、現場主導型で定義を進めるというコンセプトでＳＰ総研の「セルフジョブ定義（→139ページ）」という方式が採用された。

ステップ2：セルフジョブ定義ワークショップに参加させるメンバーの選定と実施単位の決定

　対象は部課長クラス以上のポストで、総数はおよそ1,000名と見込まれた。対象範囲が広く、定義すべきジョブ数はかなりの数に上るため、ワークショップの実施総数を現実的に計画する必要があった。

　そこで、「センター長」「所長」などの上級職については現任担当者1人に対してワークショップを実施（1人分のジョブ定義書を1つ作成）することとし、部長職および課長職については同一事業や職種の観点で、3〜5名程度（最大で6名）を1グループとしてまとめ、そのグループ単位でワークショップを実施（3〜5名の単位で1つのジョブ定義書を作成）した。

ステップ3：ワークショップ形式でのジョブ定義書の作成

　選定されたメンバーがもれなく参加し、1グループ全5時間3日間にわたるワークショップをオンライン形式（Zoom）にて順次実施し、ジョブ定義書を完成させていった。最終的には、6か月にわたるプロジェクト期間に194回（セット）のワークショップが行われた。この時、ジョブ定義書作成に必要なスキルの洗い出しにおいては、社内視点と併せて最新、かつグローバルな人材市場の視点を意識し、外部のスキルライブラリー[*]を活用した。

　　[*] entomo（シンガポール発のソリューション／ https://entomo.co/jp/solutions/careers-tomorrow/）

ステップ4：「具体的活用シーン」に適用させたジョブ定義書の活用

　作成されたジョブ定義書は、もともと社内で公開することを想定しており、本来は採用、育成、配置、評価といった、あらゆる領域においての基軸（共通のモノサシ）として位置付けるべきものである。そのため、部課長についても最終的には1ポジションごとに展開していった。

　そのうえで、まずは「社内公募制度」における「社内人材登用基準」としての活用を開始した。ここで紹介したパナソニック インダストリーの一大プロジェクトは、——「『人財資産』を中核に据え、一人ひとりが主役の会社の実現」——と謳っているが、人的資本経営時代においては、ますますこのような取り組みが増えていくことは間違いないだろう。

　つまるところ、**流動性を高くし、個々人が自律した「自律分散型」の組織作りが肝要**になる。

　ただし、周囲が間接的に個々人を支えていくような、「拡張家族」のような体制作りを目指すべきだ。

　たとえ血のつながった両親がいなくても、同居人同士が支え合い、皆で育てる「シェアハウス」に住んでいるような感覚だ。

　周りは皆、血のつながった本当の親や兄弟ではないから、常にどこかで緊張は強いられる。しかし、集団的に育てられるため、育児放棄される可能性は極めて低い。

　たった1つの「家訓」を信じ込むようなことも強要されない。常に外部と接しているためベンチマークもしやすい。

　個が尊重され、オープンに社会と接している。やりたいことがあれば環境は用意される。その環境が合わなければ、それを変えることもできるが、「ずっと同じところに居たい」と思っても実際には許されない。しかし、常に新たな道は開かれている。選ぶ道は1つでなくてもいい。（→第3章参照）

ラーニングと「リスキリング」の変革

　十把一絡げ方式の集合研修を主としたマス教育の割合は減らすべきだ。「集合研修方式」は、一定種類の研修には今後も有効であり、効率的なやり方ではあろう。

　他方、幕の内弁当を多くの人に配っておけば、とりあえず誰もが何かしら「食べるものがある」という状態になれるものの、「どれ1つとして印象に残るおかずはなかった」という状態にもなりがちな研修スタイルからは少しずつ脱却すべきだろう。

　特に、ミレニアル世代、あるいはデジタルネイティブ世代以降の若い世代にはウケが悪い。個別化（パーソナライズ）されたサービスを受けられるのが当然と思っている人達に対しては、最高のサービスを提供しなければならない。そうでなければラーニング体験は向上しない。その結果、いくらラーニング領域に投資をしても、使ってもらえないまま終わる。

「投資対効果」を巧く説明できないような取り組みは、投資家が最も嫌がる。「何のために投資して、何を狙って、狙いどおりの結果は得られたのか」と問われた時、出せる情報と言えば、利用者数とか人気コンテンツランキング程度のものしかないという状況からは何とか脱却したいものだ。福利厚生の中の一領域のような状態から、経営戦略とも連動した「ラーニング戦略」へと格上げさせることとも言える。

　望まれるのは、「スキルの保有状態の可視化」によって「現在地」を知り、公開された「空きポジション」の情報を見比べることで、とりあえずの目標地点を定め、そこまでの道のり（これをスキルギャップと捉える）を把握し、そのギャップを埋めるために必要な学習メニューなどが完全に個別化されて個々人に提示されるような仕組みだ。（→第3章参照）

「働き方」と勤怠管理のあり方の変革

　時間で管理する目的のみの、文字どおり従業員を「管理」するためだけ
の勤怠管理は終わらせるべきだ。

　時間で管理しようとするのは、製造業中心の、ブルーカラーの労務管理
をベースとした考え方から脱却できていないことの表れだ。成果（Outcome）
を期待どおりに、あるいは期待以上に出せていれば、働く場所や時間の制
限は取り払ってもいいはずだ。

　わが国特有の労働法制による制約——「労働法で決められているから
○○ができない」という発想ではなく、働き方のあるべき姿を考えてから、
法律や制度は、それに合わせて柔軟に変わっていくべきである。

　個人の性格や特性、幼い子供や老いた両親についてのケア責任の有無、
仕事や作業の性質、その日・その時の気分や体調等々、さまざまな要因
によって、最適な働き方は当然ながら異なる。

　誰からの制約も受けることなく、その時々に応じて最適な場所、時間帯、
用いるツールなどを柔軟に選択していくことが、生産性向上、ワークエク
スペリエンス、エンプロイー・エクスペリエンス（従業員体験）の向上、ひ
いてはウェルビーイングの実現につながっていく。

　鍵を握るのが、「働いた時間」に意味を持たせるためのHRテクノロジー
だ。お勧めは「チームスピリット」という勤怠管理システムに含まれる
「ワークログ」という機能だ。（→187ページ・図3-2）

　これにより、個々の従業員は、完全なる自分主導で自身の働き方の形
跡に対して意味付けを行うことができる。究極的には、他者から見たら休
憩時間や、単なる移動時間に見える時間帯すらも、本人からしたら「集中
時間」「創造的に資料を作成した時間」という意味付けができる。

　他者主導の、特に直属の上司によるマイクロマネジメントとは180度性
質の異なる勤怠管理の発想だ。（→第3章参照）

１対１面談とキャリア支援のあり方の変革

「１対１面談」とは、「個人起点（メンバー側が中心）のキャリアデザイン、中長期的視点での育成に向けた『気付き』を与える場」と定義したい。

加えて、半年／年に１回という、これまでの「評価面談（大抵の場合、形骸化）」とは一線を画し、「可能であれば隔週、少なくとも月に一度程度で、１回あたり30分から１時間を確保すべき」という条件も加えたい。

１対１面談は、リードする役回りを担うマネジャーの力量のみに頼るのは得策ではない。なぜなら、本来「キャリアコンサルティング」や「コーチング」という専門的な技術、ノウハウが必要だからだ。

例えば、対話はリードするもののマネジャー側は喋り過ぎず、あくまで寄り添う姿勢が必要で、決して導き過ぎないなど、理想的な場とするために気を付けるべき点は多々ある。

１つの解決策は、国家資格としての「キャリアコンサルタント」の有資格者を各部門に配置したり、「キャリア支援センター」のような人事本体とは独立した（付属させてもよい）機能を設け、実際にキャリアコンサルタントを常駐させる方法である。

ただし、必ずしも内部人材を充てる必要はなく、外部専門機関と連携し、いつでも支援をお願いできる状態にしておけば十分であろう。

ただ、そのような専門家を配置しても、どうしても解決し得ない問題がある。それは、「中長期的視点での育成に向けた『気付き』を与える」という場合、科学的根拠に基づいたアドバイスであることが望ましく、そうでなければ、ミレニアル世代以降の若い世代はなかなか納得感を持って受け止めてくれないという問題である。

科学的根拠を持たせるために必須となるのが、メンバーに関する次のようなデータだ。

- 性格特性（パーソナリティ）に関するデータ（可能であればマネジャー、メンバー双方）

- 保有スキルに関するデータ

- 今回の1対1面談に対する期待についての情報

- 過去の1対1面談における対話履歴と、互いのフィードバックの内容

- 将来的に希望するジョブ、あるいはポジションについてのデータ（スキル・コンピテンシー〔行動特性〕ベースの、詳細な要件定義も含む）

- 現在担当しているジョブ、あるいはポジションについてのデータ（スキル・コンピテンシーベースの詳細な要件定義も含む）

- 現在のウェルビーイング状態（健康状態、心理状態など）のデータ

　図2-1のように、個人のポテンシャルや特性を細かい粒度で測定することで、より詳細に個人の隠れた才能や志向性を把握できる。
　また、網羅性の高い項目群を4領域で構造的、かつ体系的に可視化できる。その領域は次の通りである。

　①場に応じて発揮される役割的な性格
　②自発的な行動によって獲得される習慣的な性格や能力
　③長きにわたる言動によって形成されてきた基本的な性格
　④人生の初期段階に形成された基盤となる性格

図2-1　性格特性（パーソナリティ）に関するデータの例

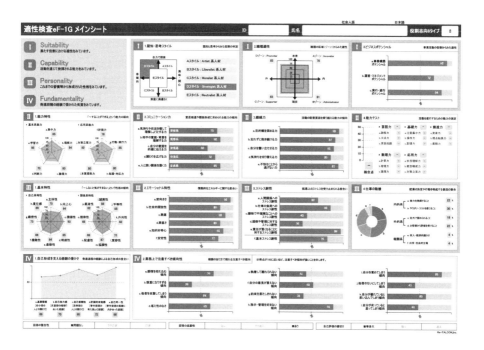

適性検査eF-1Gでは、人生の初期段階に形成された生得的な性格特性から、長きにわたる言動によって形成されてきた基本的な性格や、自発的な行動によって獲得された習慣的な性格、能力といった後天的に獲得した性格特性、さらには組織の中でどのような役割を発揮しやすいか、職務ごとのポテンシャルまで幅広く捉えることができる。

出典：イー・ファルコン「適性検査eF-1G」
https://www.e-falcon.co.jp/ef-1g

図2-2　DiSC理論

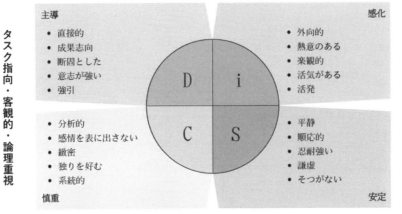

ペースが速い、主張する、活動的

主導

* 直接的
* 成果志向
* 断固とした
* 意志が強い
* 強引

感化

* 外向的
* 熱意のある
* 楽観的
* 活気がある
* 活発

タスク指向・客観的・論理重視

D　i
C　S

人志向・共感する・感情重視

* 分析的
* 感情を表に出さない
* 緻密
* 独りを好む
* 系統的

* 平静
* 順応的
* 忍耐強い
* 謙虚
* そつがない

慎重

安定

穏やかなペース、適応する、慎重

出典：HRD Inc.「Everything DiSC」
https://www.hrd-inc.co.jp/whatsdisc/

さらに、図2-2のような別のアセスメントでは、「主導」「感化」「安定」「慎重」といった「4つの行動スタイル」の強弱バランスを確認する設問を介して、自身のコミュニケーションパターンを分析するレポートが活用できる。マネジャーと部下の双方がこのアセスメントに回答すれば、より適切に信頼関係を深める示唆を得ることができる。

ちなみに、これらのデータに基づいたアドバイスは、必然的にパーソナライズ（個別化）されたものとなり、53ページでも述べたとおり、これが結果として従業員体験の向上につながる。

これらを実現するためにお勧めなのが、PHONE APPLI PEOPLE と entomo のコラボレーションにより具現化される包括的ソリューションだ。（→131〜134ページ・図2-3〜図2-6）

図2-3 「保有スキルに関するデータ」の例（筆者自身の「保有スキル」一覧画面）

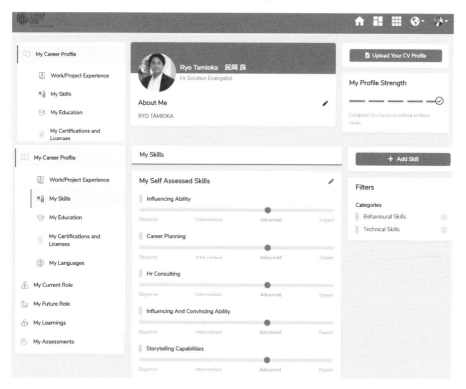

出典：「entomoの画面の例」
entomo（formerly KPISOFT）https://entomo.co/jp/

　これらを具体的にどのようにしていけばいいか。前述のようなテクノロジーの活用も視野に入れて、第3章にて詳しく説明する。

図2-4 「将来的に希望するジョブ／ポジションについてのデータ」の例

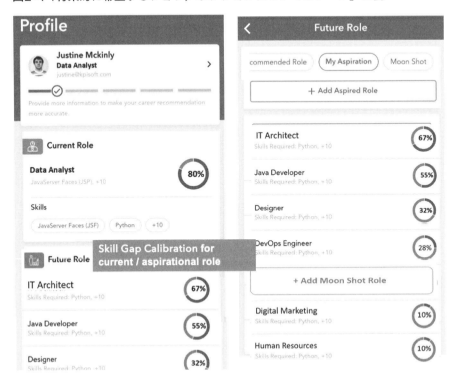

出典：「entomoの画面の例」
entomo（formerly KPISOFT）https://entomo.co/jp/

図2-5 「現在担当しているジョブ／ポジションについてのデータ」 の例

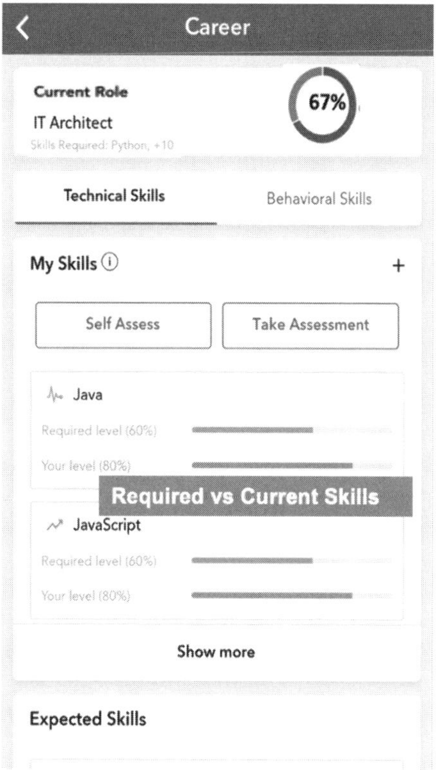

出典：「entomoの画面の例」
entomo（formerly KPISOFT）https://entomo.co/jp/

図2-6　AIプロフィールサマリー機能

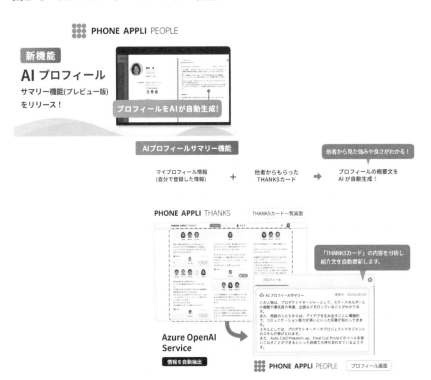

出典：PHONE APPLI PEOPLE「AI プロフィールサマリー機能」
https://prtimes.jp/main/html/rd/p/000000221.000017441.html

第 3 章

HRテクノロジーの
正しい使い方

01 | HRテクノロジーの正しい使い方

HRテクノロジーで実現すべきこと

　HRテクノロジーは、わが国でも先行して採用領域での活用が進んだ。採用領域の中でも、単なる採用プロセスの効率化という使われ方が未だに多数派を占めるが、最先端の活用法として「従業員ジャーニー」の入口における「人と仕事（ポジションやジョブ）」のマッチング精度を向上させる、「採用の高度化」に向けた活用が少しずつ広がってきている。

　これから3年から5年かけ、最も広がりが見込めて、効果が期待できるのが「育成（人材開発）」の領域における活用である。

　日本企業が今までテクノロジー活用を十分に行えてこなかったこともあり、飛躍的に改善が見込める分野である。人的資本開示に向け「人的資本」を充実させるためにも、この領域の取り組みの出来、不出来が最も影響を与えるのは言うまでもない。

　特に「ジョブ型」の人材マネジメントに少しずつ移行していくと、これまでスキルという単位で人を評価してこなかったが、これからは「強み」を「保有スキル」と捉えて、それらを可視化（数値化＋言語化［タグ付け］）していく必要がある。

　これは世界的に（特にHRテクノロジーの活用が進んでいる国や地域においては）従来から実施されていることだが、わが国では、ほとんど取り組まれていない。

キャリア自律の文脈でもスキルの可視化は必要不可欠である。55歳で定年を迎え、老後は10年ほどというのが前提だった時代とは、企業も個人も大きく発想を変えなければならない。

がむしゃらに働いて、稼げるだけ稼いで、老後に必要な財産だけは何とか残すという「短距離走型」の働き方は通用しなくなった。「まだまだゴールは遥か先、いや、ゴールはいったいどこなのか？ 行ってみないとわからない」というような状況の中では「持久走」をイメージした働き方に転換していく必要がある。

ただし「持久走」と言っても、前に進んでさえいればのんびり歩いていてもいいわけではなく、ゴールを目指して常にある程度の速さで走り続ける必要があるだろう。局面（人生のフェーズ）に応じて走り方を変えることも求められる。全力疾走の短距離走とは異なり、自分の判断でペース配分を守ることが重要になり、キャリアを俯瞰することが必要である。

企業にとっても個人の多様性や潜在的可能性を把握することが、今まで以上に重要な時代に入っている。

この「持久走」は、自分で好きなルートを選ぶことができる。例えば、山や丘を越えて最短ルートを選ぶもよし、起伏を避けて裾野の道を遠回りしながら行くもよし、途中で「渡し船」に乗り換えて大きな河を渡って向こう岸に行く人もいるだろう。

このように、多様なルートが選択できるのは「多様性の尊重（ダイバーシティ）」にもつながっていくが、さまざまなルートが透明性を持ち、わかりやすく示されるのは「キャリアマップ」や「キャリアGPS（→36ページ・図1-1）」の仕組み作りとも言え、これらの環境整備が喫緊の課題である。

地図（キャリアマップ）があり（キャリアに関する）GPSを手にすれば、自分でルート（キャリアパス）をシミュレーションして切り拓いていける。

こうしたことを実現するためには、すべての人材について「スキル・コンピテンシー（行動特性）の見える化」を行う必要がある。

この作業は、概ね次のような内容である。まず大前提として、組織内のあらゆるポジションについて詳細な「ジョブ定義」を行う。その中にはジョブグレードごとの必要なスキル・コンピテンシー、求められるスキル・コンピテンシーのレベル（習熟度）定義を行っておくことが含まれる。

　次に前述のジョブ定義の情報を参照しながら、主観的方法や客観的方法によって各自が「スキル棚卸し」作業を行い、それぞれのスキル・コンピテンシーのレベル（習熟度）の判定を行う。

　主観的な方法としては、各スキル・コンピテンシーごとに定義された行動特性の具体例を読み、自らが実践できているか否かを自己評価する。

　客観的な方法としては、直属の上司が当該メンバーに対して「コンピテンシー面接」の手法を用いて、各スキル・コンピテンシーごとに定義された行動特性を実践できているか否かを確かめる方法が考えられる。

　ここでは、1対1面談の場を巧く活用するといいだろう。スキル・コンピテンシーの種類によっては、客観的にレベル（習熟度）を判定するための専用のアセスメントも活用できる。

　最後に重要なのが、このようなスキル・コンピテンシーの棚卸し作業は一度やったら終わりではなく、頻繁に更新していく必要がある。ほぼリアルタイムに、高頻度に内容を更新していく場としても、1対1面談の場は有効だ。

具体的な適用方法や実践例

　ところが、多くの日本企業においては（日本人ビジネスマン全般と言っていいかもしれない）、人の価値をスキルで表現する発想も文化も、残念ながらないと言わざるを得ない。「あなたのスキルは何ですか」と尋ねても、「人に言えるものはない」「そもそもスキルって、どのようなものですか？」と返ってくることも少なくない。

これは、人の能力や強み、経験や知識をも含めて「**スキル**」という単位や物差しで表現することに馴染んでいないからだと考えられる。

諸外国に比べて転職経験がない人が圧倒的に多いことも要因の1つと言われている。自ら進んで自身の「スキル棚卸し」をする必要性に迫られたことがないからであろう。そこで、次のような取り組みを推奨する。

人と仕事（ジョブ）のマッチング度を高めるための第一歩は、**自身の手でジョブ定義書を書いてみる**（セルフジョブ定義）ことである。これはすなわち「スキル棚卸し」でもあり、企業としてはISO30414への対応、あるいはもっと広く本質的な人的資本開示が格段にしやすくなり、人的資本経営の基礎にもなる。

筆者が代表を務めるＳＰ総研では、「**セルフジョブ定義**」をサポートするワークショップ形式のサービスを提供している。外資系企業であれば昔からごく当たり前に行われてきた組織主導型のジョブ定義は日本企業の実情に合わないと考え、ジョブ定義の前に「セルフ」を付けた「セルフジョブ定義」というアプローチを採用している。

ワークショップを通じて自身の保有スキルと、担当している職務内容を明らかにし、現状を客観的に把握することで「持続可能な働き方」を目指す基礎を作ることができる。

ワークショップではまず、「**今の担当職務にジョブタイトルを自由に付けていいとしたら、どうしますか?**」と問い、自分で考えてもらう。

次に、「**あなたが担当している仕事の内容を社外の人や友人に説明するとしたら、どう表現しますか?**」と問いかける。これらは、「ジョブ・ディスクリプション（JD、職務記述書）」の中でも特に「ジョブの概要」の表現ベースになる。

さらに、「**そこであなたはどのような役割を果たしていますか?**」と問い、「任務と職責」を次ページのような4つの異なる切り口*で考えてもらう。これが「任務と職責（Role & Responsibility）」の表現となる。

＊「4つの異なる切り口」とは、典型的に次の2つのパターンがある。

▼パターン1

・最も基軸となる任務と職責

・それの前提となる、前準備的な部分の任務と職責

・メイン業務ではないが、対外的に行っていること（PR、情報発信など）

・社内における任務と職責（人材育成やナレッジシェアなど）

▼パターン2

・対外的な役割のうち、直接の顧客に向けての任務と職責

・対外的な役割のうち、もっと広範な、業界全体などに向けた任務と職責

・対内的な役割のうち、自部門に関わる任務と職責（人材育成など）

・対内的な役割のうち、全社に向けた活動に関わる任務と職責

（参考）「**任務と職責**」から「**必要なスキル**」の割り出しと整理の実践（→243ページ〜）

　最近では多くの日本企業が「ジョブ定義」に着手し始めたが、「自前」でジョブ定義をしていくと単なる「タスクリスト」になってしまうことが多い。そうならないよう、なるべく大きな視点で「任務と職責」を表現してもらうように支援している。

　最後に、「任務と職責」として挙げてもらった4つの項目について、「**知識でもスキルでも経験でも何でもいいので、自分が職務遂行にあたって活かせていると思う強みを書いてください**」と伝え、自由に書いてもらう。

　初回のワークショップは約60分から120分で完了する。筆者は各自が記入したシートを持ち帰り、一人ひとりの記述内容を吟味しながら、国際的に通用するスキルリストの形に整理する。通常、この作業にはシンガポールに本社を置くentomo（旧KPISOFT）社が開発した最先端のパフォーマンス管理ソフトウエア「entomo（→131〜133ページ）」を使用する。

　例えば、自分の強みを「根性がある」と表現する人がいたとする。そのままではグローバルに通用するスキルとは認め難いため、本人からヒアリングした内容をヒントにしながら「結果を出す力」「あきらめない粘り強

さ」などと言い換え、グローバルにも通用するスキル名につなげていく。

　entomoには世界標準のスキルライブラリーが用意されており、例えば「説得力がある」であれば「説得＝Convince」でキーワード検索をすると「Convince inactive clients」「Convince new customers」「Convince abilities」という国際的に通用するスキル名の十数個がずらっとリストアップされる。その中からヒアリング対象者のイメージに最も近いものを選択していく。

　こうしてスキル名を整理した後、スキルごとに4段階のレベル判定を行う。本人にはレベルの違いを説明し、「職務を遂行するうえで、このスキルについては、どのくらいのレベルが必要と言えますか？　なるべく背伸びをせず、現状レベルで答えてください」と伝えて自己評価をしてもらう。

　データはExcel形式で納品しており、各社が利用する人事システムやタレントマネジメントシステムにそのまま読み込めば、ジョブ定義情報として使用可能になる。最近では、Ex-Workが提供しているジョブマネジメントクラウド「Job-Us（ジョブアス）」を活用し、このシステム上に直接入力しながらワークショップを進めるという事例も増えている。

（参考）**Job-Us**　https://job-us.exwork.jp/

　ジョブ定義が正しくできると、それぞれの人事ソリューションが持つ、さらに高度な機能（例えば、後継者計画機能、異動配置先のレコメンド機能、推奨学習のレコメンド機能など）を使いこなせるようになる。逆に、これらがなければ、地図情報なしに高性能GPS搭載のカーナビを使うも同然である。「セルフジョブ定義」によってスキルの可視化が正しくできれば、あとはHRテクノロジーが適職を自動的に見つけ出してくれる。entomoならその人が持つ20〜30種類のスキルセットを勘案し、多数のジョブロールの中からマッチング率の高いものを順に表示する。

　シンガポール政府がこれと同様のサービスを国民向けに展開しており、そのプラットフォームにentomoが使われている。（→131〜133ページ）

シンガポールの課題は、外国から来た人材にいい仕事を奪われてしまうことで、政府は国民にいい仕事に就いてもらうため、質の高いキャリア教育を用意し、スキルとジョブのマッチングや、不足しているスキルの発見などのサービスを公共事業として行っている。

　別の視点として、人的資本の価値を向上させるにも、まず「現在価値」を把握する必要があり、ここをしっかりやらないと人材価値を把握できず、後継者計画の実行やタレントプールの構築、質の高い採用も巧くいかない。

　そのためには、従業員が持っているスキルとレベルを明らかにし、可視化していくことが必要である。それを行いやすくする手段が「セルフジョブ定義（スキル棚卸し）」であり、ＳＰ総研はワークショップ形式のサービスとしてそれをサポートしている。逆に、その点さえしっかり押さえれば、本格的な機能を備えたHRテクノロジーをフルに活用するための下地が整ったことになり、比較的容易に人的資本の価値把握とレポーティング（報告、開示）まで行うことができる。

　もちろん、レポーティング（報告、開示）は手段であり、真の目的は「人的資本経営」の実現であるが、「どのようなスキルを持った人材がいると業績アップにつながるか」を示す客観指標としてスキルが機能することになり、それによって企業同士の比較もできるようになる。

　当該人材の過去成果・実績も、スキルに分解することで予測可能な指標にできる。そのため「従業員の保有スキル」というように項目を固定し、各社ごとのローカル指標とは別に開示することが求められるようになっていくだろう。例えば「人事部長を20年やってきました」と言っても、その「20年」という長さに価値を認めず、「その人が20年で何を成し遂げ、どんなスキルに分解されるのか」が、価値ある情報として認められるようになっていく。これは「身に付けるべきスキルの可視化」という意味で、従業員のキャリア自律にとっても有利な流れになっていくと言える。

02 | シンガポール政府の取り組み事例

　シンガポール政府による国民向けの生涯職業能力開発プログラムとして、「SkillsFuture」という取り組みを紹介したい。これは、生涯にわたり新しいスキルを学び続けることで、シンガポール国民一人ひとりが将来にわたってチャンスをつかむことを支援する取り組みである。

> SkillsFuture is a national movement to provide Singaporeans with the opportunities to develop their fullest potential throughout life, regardless of their starting points.
>
> （「スキルズ・フューチャー」は、シンガポールの人々が、その出発点にかかわらず、生涯を通じて可能性を最大限に伸ばす機会を提供するための国民運動である）

という説明書きが印象的である。「出発点」にかかわらず、シンガポール人に生涯を通じて最大限の可能性を発揮する機会を提供する、国を挙げての取り組みということである。

（参考）https://www.skillsfuture.gov.sg/AboutSkillsFuture

　「SkillsFuture」という名称には「あなたのスキルとは、あなたの資産であり、それはあなたの未来なのである」というメッセージが込められている。それ以外にも、この取り組みの要点をまとめると次のとおりである。

- あらゆる人の技能、情熱、貢献により、先進的経済と共生社会の実現を目指すシンガポールの次の発展を促進させる。

- 人生におけるどのような段階（例えば、学校教育、社会人キャリアの初期・中盤・終盤）にあろうと、スキルの習得に役立つ、さまざまなリソースを見つけることができる。

- スキルの習得とは、知識や経験を通じて、より優れた卓越性に向かって継続的に努力するということ。

- 教育研修のプロバイダー、雇用主、組合の支援を受けながら、スキル習得と生涯学習によってよりよい未来を築く。

- シンガポール人であれば、誰もがSkillsFutureという取り組みに加わることができる。

- 教育、仕事、キャリアにおけるさまざまな選択により、各々の可能性を最大化し、スキルの習得を促進する機会を手にすることができる。

- 困難に立ち向かい、成功を成し遂げるため、生涯学習とスキルの習得を通して自らのキャリアパスを描く。

　この取り組みの中では、Skills Frameworks（スキルフレームワーク）という仕組みが非常に重要である。

（参考）https://www.skillsfuture.gov.sg/skills-framework

　これは何かと言うと、「業界変革マップ（Industry Transformation Maps：ITM）」の不可欠な要素であり、シンガポールの労働力の有効活用のために、雇用者、業界団体、労働組合、および政府によって共同で作成されている。

　この「業界変革マップ」は、シンガポール政府により、2016年にシンガポール国内の企業が急速に変化するビジネス環境を理解し、さまざまなステークホルダー間のパートナーシップを深めることを支援するため、企業の組織能力（ケイパビリティ）とエコシステムを強化し、人的資本を開発し、国内産業間の協力を促進するためにFuture Economy Council（FEC）によって設計されたものである。

（参考）https://www.mti.gov.sg/FutureEconomy/TheFutureEconomyCouncil

業界変革マップ（ITM）を活用しながら、政府、業界団体、商工会議所、民間企業、経済機関、シンガポール国内 23 業界などの関係者を結集して、各分野の問題に取り組んでいる。

このフレームワークの変革戦略は、次の 4 つの主要なカテゴリに分類できる。

1．人的資本の開発

このビジョンは、国（シンガポール）のリーダー層を強化し、さまざまな業界の人材を育成するインターンシップへの助成金の提供が含まれる。

また、新たなビジネストレンドに関するスキルと知識を身に付けるために、雇用主主導の能力開発や、その他のトレーニングセッションも奨励している。

2．コラボレーションと強力なネットワークの促進

Future Economy Council（FEC）は、業界内、およびさまざまな分野にわたるパートナーシップを確立し、促進することを目指している。

コラボレーションを通じて、関係者はさまざまなセクターがどのように相互依存しているかを認識し、各業界内の問題に共同で対処する方法を特定できる。

3．エンタープライズ機能の構築

テクノロジーの導入を促進するために、企業と通信プロバイダー、情報通信メディア開発局（IMDA）、および銀行を結び付けることに重点が置かれている。

これには、官民のパートナーが数社の中小企業（SME）を選択し、将来の業界リーダーになれるよう育成する「スケールアップ SG」と呼ばれるプログラムも含まれている。

4．エンタープライズ エコシステムの強化

　この戦略は、コンプライアンスの状況と規制要件を、よりビジネスに適したものにすることを目指している。Future Economy Council（FEC）は業界関係者や政府と協力して既存のビジネスロー（会社法）を見直し、中小企業の成長に有利なものとなるよう取り組んでいる。

　スキルフレームワークに話を戻すと、業界ごとに人材採用、キャリアパスの構築、職業／職務の定義、職業／職務に必要な既存スキルや新たに必要となるスキルに関する重要な情報を提供している。また、スキルアップと習熟のためのトレーニングプログラムのリストも提供している。

　このフレームワークは、キャリア早期・中期の個人が、教育訓練、キャリア開発、スキルのアップグレードに関する各局面で、業界ごと、職業／職務役割ごとに必要とされるスキルやトレーニングの情報に基づいて、意思決定できるよう企図されたものである。

　雇用者は、フレームワーク内の詳細なスキル情報に基づいて先進的な人事管理、タレントマネジメントプランを実現できる。

　トレーニングプロバイダーは、業界の動向と需要のあるスキルを把握し、業界ニーズに合わせて、カリキュラムの設計やトレーニングプログラムの刷新を行い、ニーズに合致させることができる。

　では、どのような人に、どのようなメリットがあるのか。次のようにまとめられる。

学生：

- 志に即した研究分野・学習分野の選択
- 十分な情報に基づいたキャリア選択をしたうえでの企業への応募
- 応募や面接前の十分な準備

親、教師、キャリアカウンセラー：

- 業界動向と雇用の見通しの理解

- 業界ごとに求められる職業・職務のスコープ、仕事内容、仕事の属性を学ぶ

- 希望する就職前研修プログラム選択の際の、子供や学生に対する、十分な情報に基づくアドバイスの提供

個人（本人）：

- 新たに出現した職種と求められるスキルに加え、業界と雇用の見通しの理解

- 業界ごとに求められる職業・職務のスコープ、仕事内容、仕事の属性の理解

- キャリア選択・転換する前、自らのキャリア志向の評価と十分な情報に基づく決定

- キャリアパスの長さ、希望する職業・職務に就くための要件の評価

- スキルとキャリアニーズに基づいた適切なプログラムの発見

雇用者：

- 新たなスキルの特定と新しい組織能力（ケイパビリティ）の構築

- ジョブ・プロファイルの定義

- 包括的なコンピテンシー体系とトレーニング・ロードマップの作成

- パフォーマンスの改善に向けた、組織強化のためのスタッフ育成

- 人材の惹きつけ・管理・維持の強化

トレーニングプロバイダー：

- 業界動向や既存スキル、新たに求められるスキルをより深く把握したうえで、雇用者や学習者のニーズに合わせたカリキュラムの設計と訓練プログラムの革新

- 企業全体の生産性向上と成長のためのジョブ再設計プログラムなど、ホリスティック（全方位的）な企業トレーニング計画とビジネス改善プログラムの開発

最後に、このスキルフレームワークは具体的にどのように機能するのかについて見ておこう。

まず、業界や雇用に関する情報を提供する役割を果たしている。

具体的には、業界変革マップに沿って業界と雇用の状況を説明し、さらに業界ごとの労働力と職業・職務要件に関する有用な統計情報もその中に含まれている。

次に、業界標準と比較して、その業界の職業・職務がどの程度革新的に構成されているかを示すことから、キャリアパスの構築に役立つ。キャリア面での「前進」の機会を、垂直・水平の両方向から把握できる。

ちなみに「垂直」というのは、同じような職務領域（ビジネスファンクション）の中で昇級・昇格をしていくイメージであり、「水平」というのは必ずしも昇級・昇格が伴うものではなく、別の職務領域（ビジネスファンクション）へとキャリアチェンジしていくイメージである。言わば、「個」としての従業員にキャリアに関するGPS（Career GPS）を持たせるようなものだ。（→36ページ・図1-1）

また、職務を遂行するためのスキル要件、期待されるプロファイルを説明したり、職業／職務役割の全体像を提供したりすることから、「ジョブ定義（職務要件定義）」を行う際にも非常に有用だ。

同時に、それぞれの職業／職務に求められるスキルの期待値を要約して網羅的に説明していることから、「ジョブ定義」の構成要素としての「スキル」の定義にも役立つ。

さらに、それぞれの職務に求められるスキルにリンクされた、一般的に利用可能なトレーニングプログラムを紹介していることから、本質的な意味でのリスキリングにも大いに役立つ。

03 | HRテクノロジーに対する期待

1．HRテクノロジーとは

　人材育成や採用活動、人事評価など、人事領域の施策や業務全般の効率化、精緻化、高度化を行うIT技術を用いたソリューションの総称である。

　わが国で「HRテクノロジー」という言葉が使われ始めたきっかけは、「2015年4月25日に慶應義塾大学が『HR Technology Symposium』を開催したこと（労務行政研究所編集『HRテクノロジーで人事が変わる』2018年[*1]）」とされている。それとともにHRテクノロジー市場へ参入するベンダーも急増した[*1]。

　昨今では「人的資本開示」の流れを受けて、さらに、HRテクノロジー活用の促進が見込まれる。これに関する状況としては、「産業構造の変化とともに、資本市場や労働市場から、企業に対して人的資本を開示してほしいという声が高まっており、世界各国で人的資本開示を義務化する政策の検討が進んでいる（吉田寿・岩本隆『企業価値創造を実現する　人的資本経営』2022年[*2]）」と言われており、わが国でも同様である。

　その理由は、「企業価値に占める人材を中心とした無形資産の割合が高まっており、企業価値を測る上で人的資本の価値をみることが重要になっている[*2]」とされている。

　「人的資本開示」の内容が、投資家を始めとする、さまざまなステークホルダー達を納得させ、満足させるものとなるためには、開示の前に「実」

を伴わせるよう「人的資本経営」を実践する必要がある。

「人的資本経営」とは「人材を『資源』ではなく『資本』と捉え、人的資本に最適な投資をすることで最適なリターンを生み出す経営のこと[*2]」とされているが、**人材を「投資に値するもの」と捉えるには、個々人の有する知識やスキルや能力**（英語表記ではKnowledge, Skill, Ability and Others: KSAOsとされ、すべて含んで広義のスキルとする）**を可視化することが必要**となる。

　言ってみれば、ただ漫然と「人」に投資するのではなく、業績向上やイノベーションの加速というリターンを見込んで、役立ちそうな（広義の）スキルを新たに身に付けさせたり、補強するための投資を確実に行えるよう、従業員側のスキルの保有状態や事業戦略上必要となるスキル要件を可視化する必要があるということだ。

　開示すべき情報は、このようなスキルに関することだけではないが、「人の価値」を定量的に把握し、定量的なデータで表現できるため「人的資本開示」で求められている基本的部分を整備することになる。

　そのためには、HRテクノロジーの利活用が不可欠で、むしろ、それこそがHRテクノロジーの真髄と言っても過言ではない。

「人的資本経営」について、さらにHRテクノロジーを絡めて再定義するとすれば、「**人事関連のデータを効率的に集め、HRテクノロジーを最大限に活用し、数値やデータに基づいて、客観的に人事上の意思決定を行うような人材マネジメントを伴う経営のこと**」となるだろう。

2. 背景

　この先も労働人口の減少が確実視される中、「人を増やせないなら一人ひとりの生産性を高める必要がある」という考え方がある。生産性の向上に向けては、各社でさまざまな取り組みが行われている。

　RPA（Robotic Process Automation：人間が行ってきた定型業務や事務作業、ビジ

ネスプロセスを自動化するソフトウェアロボット技術）により、一部業務を自動化するのも1つの例である。

　しかし、このようなロボットや、さまざまなIT技術の活用によって業務効率化が図られたとしても、人間一人ひとりが本質的な意味で労働生産性を向上させたことにはならない。

　自動化されていない仕事の効率や、その生産性がどうであるかは別問題だし、効率化や生産性向上が図られることと、人間（従業員）の「働きがい」や「働くことから得られる満足感」が、果たしていい状態なのかどうかはわからない。

　個人（従業員）側の視点に立って、「持続可能な働き方（Sustainable Performance）」の環境整備が十分になされているか否かが、最も重視されなければならないのである。

　なぜなら、昨今の組織運営や人材マネジメントのあり方は、すべからく「持続可能性」を意識したものでなければならず、その証として、実際に「人的資本開示」は、SDGsやESG投資の流れを受け、機関投資家達から――「持続可能な企業運営に欠かせない持続可能な組織作りや、持続可能な人材マネジメントがしっかりやれているのかについて、定量データを用いながら非財務情報として開示してほしい。その情報がなければ、中長期的な視点での投資判断ができない」――といった要請から導入が決まった（それぞれの国単位においては制度化や法制化が目下検討中という段階ではあるが、方向性としては不可逆的）ものだからである。

　生産性を落とす最大の要因も、「持続可能な働き方」を困難にしてしまう最大の要因も、ともに**ジョブ（職務）と人材のミスマッチ**である。

　ミスマッチを生じさせる要因は大きく2つあり、1つは**人間によるバイアス**である。これまで採用や後継者の選抜など、さまざまな人事的局面において「勘と経験」を頼りにマッチングや評価が行われてきた。そもそも、

マッチングの必要性すら認識されていなかったとも言える。それなりにマッチングを試みようとしても、よりどころとなる判断基準がない。客観的なデータが十分に存在しないため、「勘と経験」に頼らざるを得なかった。人間は本来的にバイアスの塊であるから、ほぼすべてが主観的な、バイアスがかかった判断になってきた。

以上のことから、ミスマッチを生じさせるもう1つの要因は、**データ不足、データの活用不足**と言える。

これら2つの要因を、テクノロジーの力を借りて可能な限り克服し、ミスマッチを極力減らすことにより、真の適材適所を実現し、ひいては生産性のさらなる向上を目指すというニーズが急速に高まっている。

それはとても都合がいいことに、「人的資本経営」の本来的なあり方とも完全に一致する。

ここで、HRテクノロジーとは、──「**十分な客観データを判断のよりどころとして、人材育成や採用活動、人事評価などの人事領域の施策や業務全般について、効率化、精緻化、高度化を行うためのIT技術を用いたソリューションの総称である**」──と再定義することが可能である。

このように定義すると、なおのこと「人的資本経営」の実践のためにもHRテクノロジーは不可欠であることが再認識される。

■ 3．企業人事の需要動向

「ジョブ（職務）と人材のミスマッチ」をなくすには、まず「入口」の部分、すなわち「採用時」に手立てを講じることが最も効果的である。

ミスマッチをなくすことは応募者にとってもありがたいことで、よりよい「応募者体験」をもたらすことができる。

採用プロセスの効率化、高速化につながれば「応募者体験」の向上にも寄与すると同時に、「採用の高度化」にもつながる。採用目標人数などを

KPIとするような低次元の採用ではなく、「質」にこだわって、入社後の活躍予測と実際のパフォーマンス発揮度を追跡、計測することにより、人材要件定義を見直し続けるスタイルへの変革にもつながる。これも「人的資本経営」において不可欠の要素とされる「経営戦略と人材戦略との連動」につながっていく。

　また、入社後の人材育成の観点から、「スキルギャップ（現在の職務に求められるスキルと人材が保有しているスキルとの差）」を見える化したうえで、そのギャップを埋める最適なラーニングメニューや、最適なポジションへの異動を提示することにより、ジョブ・フィットしている状態を保つことが重要である。それにより、従業員は常に結果を出しやすくなるため、結果的に「従業員体験（エンプロイー・エクスペリエンス）」も向上する。「ジョブ（職務）と人材のミスマッチ」を防止することは、企業側だけでなく、従業員側にも非常に大きなメリットがあり、従業員体験の向上を通じて、エンゲージメントの向上にも役立つとされている。

　もちろん、前述の「持続可能な働き方」の実現にもつながっていくため、「持続可能な組織作り」のアピールにもなり、「人的資本開示」に向けた準備を行っていることにもなる。

　さらに、「自らキャリアを切り拓いていきたい」という強い願望を抱いているミレニアル世代に対しては、自ら考え、選択できる形で、最適なラーニングメニューや、最適なポジションを提示することが、最高の支援策と言える。

　第1章でも前述（→25ページ）したように、「応募者体験」を高いレベルで提供することは、応募者にとって、そこで活躍できるイメージを描きやすく、志望順位の高さにつながり、採用競争力も高くなる。

　併せて、従業員自身、そこで長期にわたって活躍できるイメージを描きやすく、人材維持（リテンション）にもつながるため、人材獲得における競

争力も高くなる。これにより、「持続可能な組織作り」という観点でも、投資家からの高評価を見込めるのである。

　つまり、**採用プロセスにおける「応募者体験」の向上、配置・育成プロセスにおける「従業員体験」の向上は、人材獲得競争に勝利するために欠かすことができないばかりか、「人的資本経営」の本質**とも言えるのである。

「応募者体験」「従業員体験」を向上させるためには「**パーソナライズ**（個別化）」という要素も欠かせず、そのために、さまざまなデータが必要となり、HRテクノロジーの活用が必要不可欠と言える。

　加えて、次の点にも注目しなければならない。

　今回の「コロナ禍」を受け、テレワークの導入が一気に広まったことで目が届きにくくなった従業員のケア（心身ともに）の問題がある。

　まずはマイナスの状態から「ゼロ」に戻そうとする初歩的なウェルネス・ウェルビーイング施策から始まり、さらに発展させて従業員個々人の生産性の向上につなげていこうという本質的なウェルネス・ウェルビーイング施策を試行する動きが出てきている。ここでは、従来から言われているウェルネス・ウェルビーイングの領域と、昨今の「従業員体験」の向上を目指したHRテクノロジーの領域との交錯点に関心が集まっている。

　これらの観点でのHRテクノロジーの導入が、企業人事において、今、最も需要が高まっていると言える。

4．今後

1）今後の流れ

　既に技術的には、応募者から提出されたデータをAIに読み取らせることにより、応募者が保有するスキルや経験、特性をある程度把握することができる。さらに、これらの応募者側の情報を、企業が求める人物像（モデル人材）の定義と突合させることにより、例えば「100点満点中86点」と

いうようにAIが「マッチ度合い」「ジョブ・フィット率」を点数化することも可能である。外部人材の採用局面のみならず、社内での異動や後継者計画についても基本的な仕組みは同様である。

　また、副業（複業）支援の一環として、社外のポジション（プロジェクトやギグワークなどの細かな単位も含む）の中から、マッチ度が高いものを提示することにも応用可能である。

　今後はよりいっそう、AIに読み取らせるデータのバリエーションが増えることが予想される。例えば、ビデオ面接（録画面接）時に記録した動画データ、アセスメントの結果データ、候補者のSNS上での振る舞いに関するデータ、社内での評価面談や1対1面談の時の対話記録、ラーニングシステム上の受講履歴やアクティビティーデータ等々がさまざまな局面におけるマッチング精度向上を目的として「学習データ」として活用されていくだろう。

2）課題

　第一の課題は、「**個人情報の取得**」に関わることである。詳しくは労務行政研究所編集『HRテクノロジーで人事が変わる』（2018年）[1]を参照されたいが、インターネット上の応募者の関連情報（SNSの情報など）を自動的に取得するようなシステムが存在する中で、「本人以外からの大規模かつシステム的な個人情報の取得に問題は生じないか」ということが新たな論点となっている[1]。

　また、人材の評価に関しても、「AIによる評価によって生じた情報の付加が個人情報の『取得』として規律されるのか」「そもそもAIによる自動的な評価はどこまで許されるのか」という論点も生じている[1]。

　第二の課題は「**必要な情報（データ）の不足**」である。「モデル人材」の定義情報のベースとなるのは、「過去の成功事例」の情報と「詳細なジョブ定義」の情報である。これにより、採用担当者の好みや、過去の経験、

直感に頼り過ぎず、客観的データをも加味しながら、冷静、かつ論理的な判断がしやすくなるという効果が期待できる。その結果、採用時点で「ミスマッチ」のリスクを相当程度低減でき、前述の「応募者体験」の向上にもつながる。

この点についても、外部人材の採用局面のみならず、社内での異動や後継者計画についても基本的な仕組みは同様である。

しかしながら、多くの日本企業において「詳細なジョブ定義」は非常に軽視されてきた。そのため、マッチングに必要な客観データが欧米企業に比べて非常に乏しく、たとえ欧米企業と同様のタレントマネジメントシステムや統合型人事ソリューションを導入しても、肝心肝要な機能を活用できないままでいる。ジョブ定義、スキル定義を地道にコツコツと進めていくことが喫緊の課題である。

ジョブ定義、スキル定義のステップについては『戦略的人的資本の開示運用の実務』(2022年)の「第6章 第3項」を参照されたい。(→本書139ページでも詳細を記載) ただしこの点については、前述の「SDGs、ESG投資の流れを受けての『人的資本開示』の不可逆的な流れ」によって否が応でも大きく前進することは間違いないであろう。

例えば、ISO30414のガイドラインに沿った形で「人的資本(Human Capital)」についての情報開示を行う「ヒューマンキャピタルレポーティング」には、ジョブ定義、スキル定義の情報が不可欠とも言える。

なぜなら、「スキルとケイパビリティ」という領域の中の「労働力のコンピテンシーレート」は、従業員が保有するスキル・コンピテンシーを可視化することなしには開示不可能であるし、「後継者計画」という領域の中の「後継者のカバー率」や「後継の準備率」については、単に「率」を開示すれば許されるわけではなく「何を根拠に後継者の準備が整っているか」ということを説明しなければならず、その際には「ジョブマッチ率」を根拠の1つとせざるを得ないからである。

また、「人的資本経営の実現に向けた検討会報告書（人材版伊藤レポート2.0)」で示される「3つの視点と5つの共通要素」のいずれを取っても「スキルの可視化」が、より実効性が増すとも言えるのである。（図3-1)

図3-1　経済産業省「人材版伊藤レポート2.0」3P5Fモデル

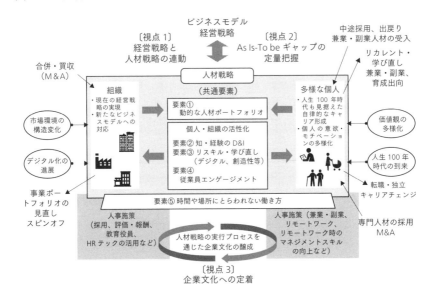

出典：人的資本経営の実現に向けた検討会報告（人材版伊藤レポート2.0）
p.9「図表3：人材戦略に求められる3つの視点・5つの共通要素」
https://www.meti.go.jp/policy/economy/jinteki_shihon/pdf/report2.0.pdf

3つの視点（Perspectives）
①経営戦略と人材戦略の連動
②As is - To be ギャップの定量把握
③企業文化への定着

5つの共通要素（Common Factors）

①動的な人材ポートフォリオ
　（個人・組織の活性化）
②知・経験のダイバーシティ＆インクルージョン
③リスキル・学び直し
④従業員エンゲージメント（働き方の変革推進）
⑤時間や場所にとらわれない働き方

これらすべてに「スキルの可視化」
がかかわってくる

出典：点線以下は著者独自・SP総研による

例えば、「経営戦略と人材戦略の連動」は、経営戦略を推し進めていくのは結局、人（従業員）であるから、どのような要件を兼ね備えた人材を獲得したり育成していけばいいのかを、しっかりとスキルベースで定義してこそ実効性が増すのであり、「スキルの可視化」が鍵を握ると言える。

　個々人の保有スキルの可視化を行うことは「人材ポートフォリオ分析」や「知・経験のダイバーシティ＆インクルージョン」の促進にもそのままつながっていくのである。

　さらに、「リスキル・学び直し」と言うからにはまず「スキルの可視化」を行っておくことが大前提となり、それでこそ、どのような点について「リスキル」を行うべきかが見えてくるのである。

　これらをしっかりと実施していけば、「従業員体験」の向上につながっていき、必ずや「従業員エンゲージメント」にもいい影響を与えることは間違いない。

04 | HRテクノロジーの種類と特徴

1. 採用・配置

1) サービスの定義

応募者追跡（Applicant Tracking）と呼ばれる機能を備え、候補者（応募者）各人の個人情報（学歴、職歴、保有スキルなど）や、採用プロセスにおけるステータスの管理を行う。

採用が決定した場合は、応募者情報がそのまま従業員情報としてコピーされ、人事データベースに登録される。社内の従業員を「候補者（応募者）」に見立て、社内公募制のもとで応募者管理、異動・配置の管理にも適用可能で、主に採用担当者が使用する。

その他、付属的な領域として、採用時のマッチング精度を高めるアセスメントサービス、採用業務の効率化・高速化を図るビデオ面接（録画面接）のソリューションも存在する。

さらに、応募者のレジュメデータ（履歴書や職務経歴書）を「パーシング（構文解析）」という技術によって読み取り、職務上の経験、保有資格、保有スキルの情報に特化してリスト化し、市場価値の高いものからランキングするというソリューションが、完全日本語対応されて、既に実用段階に入っている。

可視化されたスキルの情報をもとに、よりマッチ度の高いポジションを提示したり、目指すポジションとのスキルギャップを埋める、ラーニング

メニューを提示したりといった、「採用」はもちろん「配置」という範疇をも超えて「人材開発」の領域までシームレスに連携させていくことも可能だ。

2）需要の背景

　労働人口が減少の一途をたどる中、せっかく苦労して人材を採用しても、業界によっては離職率が高く、人材が定着できないことが問題となっている。

　最大の要因は、「採用時のジョブ（職務）と人材のミスマッチ（→151ページ）」である。151〜152ページでも述べたとおり、ミスマッチをなくすには採用時に手立てを講じることが最も効果的で、ミスマッチをなくすことによって、よりよい「応募者体験」をもたらす。これにより、企業は「採用ブランド力」を向上させ、ライバル企業に対して人材獲得で優位に立てるのである。

　また、今回の「コロナ禍」を受けて、テレワークの導入が一気に広まったことによって、採用活動のあり方にも大きな変化があった。

　これまでも「効率化」の観点からビデオ面接の導入が積極的に進められてきたが、この動きがさらに加速した。

　効率性の追求のみならず、採用担当者、応募者の双方が「自宅に居ながら」面接を実施する必要性が出てきたのである。必要に駆られて実施してみたところ、利便性や効率性のよさに改めて気付くというケースも多く、好循環が生まれている。

　さらにここでは、リアルの対面面接よりもビデオ面接を用いたほうが企業側が取得できるデータも豊富になり、より客観的な判断基準にしたがって合否を判定できる点にも注目が集まっている。その流れの中、ビデオ面接を積極活用した採用プロセスの中に「アセスメント（適性検査）」を盛り込む動きも目立ってきた。

もう1つの大きな変化が、SDGs、ESG投資の流れを受け、「人的資本開示」の考え方に則って、「採用の質」をもっと本質的に捉えようとする動きが出てきたことである。

　具体的には、これまでのような「目標とする人数を採用できたか」をKPIとするのではなく、「空きポジションに対して、適格な候補者をどのくらいプールできているか」「入社前の候補者に対する期待値に対して入社後の実際のパフォーマンスがどうであったか」ということを定量的に把握し、KPIにしていくことが求められてくる。このような対応を行うことが、「経営戦略と人材戦略との連動」にもつながる。そうなると、「ジョブ型」の思想に基づいて「スキル・コンピテンシー」というモノサシで人材の価値を測るような、かなり本格的な採用管理システム（ATS：Applicant Tracking System）の活用が不可欠となってくるのである。

3）業界トレンド

　大手外資系ベンダーは、もともと統合型の人事ソリューションを有しており、採用管理機能は際立って進化を遂げている。特にAIエンジンを組み込んで、マッチング精度を高める仕組みが充実してきている。

　国内ベンダーは、もともと求人媒体を有していた大手人材サービス企業が、この領域に数多く進出している。

　行動心理学、産業組織心理学の知見を盛り込んだアセスメントによって、採用時のマッチング精度を高めようとする動きも加速している。その実現のためには、予め「人材モデリング（ジョブ定義、優秀人材像の定義）」を行ったうえで、応募者から取得したレジュメやアセスメント受験結果などの客観データからモデルへの合致度を計測するプロセスが必須となる。

　合致度を示すスコアや理由付けの情報を参照しながら、人間による面接を行い、候補者を絞り込むという流れがトレンドである。これにより、人間によるバイアスを極力排除するという効果も期待できる。

アセスメントについては「**ジョブ・フィットの計測や適職診断を行うもの**」「**カルチャー・フィットの計測を行うもの**」の2つに大きく分かれる。

前者の活用には、予め人材モデリングやジョブ定義、スキル定義が必要になるケースが多く、導入には若干ハードルが高い。

一方、後者の活用には、事前に企業文化の定義を行う必要があるが、個々のジョブ定義、スキル定義を行う作業に比べれば、やや簡略化したもので足りると言える。

また、「質問文に対して5つほどの選択肢から最も近いものを選択させる」という従来型のアセスメントには、もともと行動心理学の知見が組み込まれていたが、最近ではスマートフォン上でゲームを行わせることによって認知能力を計測したり、職業的パーソナリティを診断するといった、脳科学の知見を取り入れた新しいタイプのアセスメントも登場している。

採用プロセスのフローに、ビデオ面接（録画面接）を組み込むケースも増えている。遠隔地の相手とも面接が可能、面接官のアサインとスケジュール確保が不要といった観点から、当初はコスト削減や効率化の面が強調されることが多かったが、現在では多角的にマッチング度合いを計測、分析するために必要な情報を取得する「データポイント」充実の観点からも注目されている。

例えば、リアルの面接ではおよそ取得が不可能な、表情、話し方、声色といったデータもデジタル化して保存し、性格特性やカルチャー・フィットの分析に活用されるというものである。

なお、以上の技術は外部からの人材採用時にとどまらず、社内人材の配置・登用にも、ほぼそのまま転用可能である。

今回の「コロナ禍」を受けてテレワークの導入が一気に広まり、採用活動のあり方にも大きな変化があったことにより、ビデオ面接やアセスメント領域のソリューション市場が活況である。

また、SDGs、ESG投資の流れを受けての「人的資本開示」の考え方に則って、「採用の質」をもっと本質的に捉えようとする動きが出てきたことにより、大手外資系ベンダーが統合型人事ソリューションの中の一部として有していた採用管理システムが、機能面でますます有利になりそうである。

　これに対して、国内ベンダーが「ジョブ型」の思想をいち早く取り入れ、「スキル・コンピテンシー」というモノサシで人材の価値を測るような、本格的な機能をいかに実装できるかに注目が集まるところであるが、2021年の初頭からこの動きが活発化している。

　例えば、これまで基本的な従業員情報の管理にほぼ特化してきたと言えるような大手の人事管理システムベンダーも、ユーザーに対して「ジョブライブラリー*1」「スキルライブラリー*2」を提供するために急ピッチで追加開発を行っている。

　*1　多くの日本企業には、大抵の場合このような職務領域があるはずといった観点から代表的な「ジョブ」の定義を予め行っておき、これらを標準テンプレートとしてリスト化して提供する仕組み。

　*2　*1に定義された各ジョブを担うにあたって必要と思われるスキルを10個から20個ほど予め定義してリスト化し、提供する仕組み。

4）今後の方向性と本来あるべき使い方

　HRテクノロジーの活用によって人間によるバイアスを極力排除する効果が期待できる。それにより真のダイバーシティの実現も期待されている。

　男女比の改善のみならず、LGBTの積極登用、障がい者や高齢者に関して、より実質的な「適材適所」の実現がその具体例である。ますます「労働人口」の減少が確実視される中、労働の担い手の範囲について既成概念を取り払って広げていくことにもつながる。

　さらに、ダイバーシティの観点でもう1つ重要なのが、2021年6月のコーポレートガバナンス・コードの改訂、ならびに「人材版伊藤レポート2.0」にともに盛り込まれた要素（「5つの共通要素」の1つ→157ページ）とし

て「性別や国籍など、変えられない属性についてのデモグラフィックダイバーシティの実現より、考え方やスキル特性などについてのコグニティブダイバーシティを実現したほうが企業全体のイノベーションや業績向上に寄与することが明らか」（→68ページ）という前提のもとで「スキル、あるいは知・経験の面でのダイバーシティ＆インクルージョンを促進させるべき」ということである。

　経営戦略や組織戦略にアラインする形で（広義の）スキルに着目し、バイアスも極力排除して採用を行うことにより、自ずと多様性は実現されるはずである。

　他方、前述（→162ページ）のとおり、スマートフォン上のゲームで認知能力を計測したり、職業的パーソナリティを診断する脳科学の知見を取り入れた新しいタイプのアセスメントも出始めており、浸透していくことが予想される。特にミレニアル世代、デジタルネイティブ世代、Z世代には受け入れられやすいだろう。また、表情、話し方、声色といったデータをデジタル化して保存し、性格特性やカルチャー・フィットの分析に活用されていくことも予想される。

　採用時のスクリーニングに活用したデータ、取得したデータを入社後にも活用するようになってきているのも大きなトレンドである。

　従来、採用時のアセスメントは「足切り（目的での使用）」の意味合いが強く、採用の可否判断に使用したあとに使われることはほとんどなかった。

　しかし、ただでさえ従業員個々人のデータの取得が難しいと言われている中、採用時のデータをその後も活用しない手はないということで、入社後の配属先の決定、パーソナライズされた育成プランの作成などに活用されるようになってきている。この時、さまざまなデータを重ね合わせたり掛け合わせたりするためのツールとして分析ツール、ダッシュボード（結果をさまざまな形式の表やグラフでビジュアライズする機能）ツールが、にわかに脚光を浴びている。

以上の方向性を踏まえ、本来あるべき使い方を次のように提言したい。

まず企業側は、求人情報を次に示すような、しっかりとした**ジョブ・ディスクリプション**（職務要件定義書）の形式にして「**スキル・コンピテンシー**」ベースで求める人材要件を明確に示す。

ある税理法人の求人票の例

■税務コンサルタント（税務コンプライアンス）
- ・タックスアドバイザリー／Manager

■サービス内容／Services
- ・タックスコンプライアンス業務の遂行を通じて、クライアントおよび社会に貢献する。
- ・そのためのチームの構築と個人の育成をサポートする。

■勤務地／Location
- ・東京

■業務内容／Responsibilities

【クライアントハンドリング】
- ・クライアントの状況および期待値に応じて、適切な税務アドバイスを提供する。
- ・クライアントの税務ポジションの最適化を通じて社会に貢献する。

【チームハンドリング】
- ・状況に応じて柔軟に、裁量を持って、クライアントの期待値に応えられるチームを率いる。

【チームビルディング】
- ・高度な税務知識を備え、それを効率的に活用できるチームを構築する。

【パーソナルサポート】
- ・各自のレベル、目標に応じた人材育成を推進する。
- ・各自の状況に応じた、柔軟な働き方ができる職場環境作りを支援する。

応募資格／Requirements and Qualifications

【マネジャー】

● MUST

［税務知識］

・税法、組織の税務、納税に関する知識。組織の税関連の問題を管理する能力。

［その他の資格、語学、ITスキル］

・大手会計事務所、もしくは上場企業経理部での7年以上の税務コンプライアンス業務経験

・税理士、税理士試験合格者（大卒院卒による科目免除を含む）または、税理士試験科目合格者

・公認会計士あるいは税務実務経験者

・日本語：ビジネスレベル

・英語：TOEIC700点以上

・Microsoft Excel、Word、PowerPoint の使用経験

● WANT

［望ましいスキル］（スキルの説明は省略）

・エンゲージメント管理

・顧客対応

・チーム管理

・費用対効果マネジメント

［その他の経験］

・大規模法人への関与経験、連結納税、組織再編のアドバイザリー経験があれば尚可。

・ビジネス英語の使用経験、海外留学、海外勤務経験があれば尚可。

・Microsoft Excel関数やマクロなどの経験があれば尚可。

　候補者（応募者）側は自身の「強み」をスキル・コンピテンシーベース

でアピールして企業側に提供したいが、そのような情報の可視化ができて
いない場合には、

①応募先企業の支援を受けて「セルフジョブ定義」のような手法に基づ
きスキル・コンピテンシーベースのレジュメを作成する。
②専門機関や専門業者（例えば、HRテクノロジーコンソーシアム、SP総研など）
が提供するサービスを活用して、「セルフジョブ定義」のような手法に基
づき、スキル・コンピテンシーベースのレジュメを作成する。

のいずれかの方法により、データを準備して企業側に提出する。

　次に、企業側は候補者に対し、レジュメに含まれる情報、その後の選考
プロセスで取得が想定されるあらゆる情報について、**利用目的を明確に示
したうえで承諾を得る。利用目的には、次の2つも含めることを推奨**する。

①そのまま採用に至った場合には、「従業員データ」として転用して異動
配置、育成などさまざまな局面（いわゆる「従業員ジャーニー」のすべて）で
活用すること。ただし、候補者（従業員）側にとって不利となるような方
向では活用しないこと。
②不採用になった場合でも情報は数年間保持し（期間を明記する）、新規
ポジションに空きが出た時など、その情報をベースに適格性を判断のう
え、再び企業側から「お声がけ」をする可能性があること。

　さらに、企業側から候補者に対し、性格特性データの取得やカルチャー
フィットの度合いを計測する目的で「アセスメント」の受験を依頼する。
「結果」のデータについては最終的な合否にかかわらず、極力、候補者側
にも開示する。そのことが、応募者体験の向上につながる。

性格特性データと保有スキルのデータ、当該ポジションとの（暫定的な）マッチ率についての情報が揃ったところで、候補者に対して面接実施の打診を行う。もちろんこの間、必要に応じていわゆる「地頭」を確認するための筆記試験や、その他のテストを実施してもよい。

　面接に際しては、ビデオ面接（オンライン面接）か、リアル対面面接かを選択できるようにすることが望ましい。あるいは、初期段階（1次面接や2次面接）ではビデオ面接の形式で、最終段階の面接はリアル対面で行うという形式も推奨される。

　面接の実施においては、極力、面接官による評価のばらつきがないよう、スキル・コンピテンシーをベースとした基準により「見極め」を行うことが望ましい。システムにより機械的に弾き出された「マッチ率」あるいは「ギャップ率」の情報をもとに、さらに人間の目によって確認することに面接の主眼を置く。

　ちなみに、「カルチャーフィットするか」を人間の目で確認しようとしてもほとんどが感覚的なものとなるため、スキルギャップの確認に比べて優先度や重み付けを下げる。もちろん、人間の納得感も必要なところではあるため、確認事項としては必ず加える。

5）今後に向けての課題と取るべきアクション

　前述（→155ページ）のとおり、第一に「**個人情報取得**」の問題と、第二に「**必要な情報（データ）の不足**」の課題が存在する。そのため、予め人材モデリング（ジョブ定義、優秀人材像の定義）を行っておく必要があるが、ほとんどの企業がこれをしていない。いくらHRソリューションのベンダー側が「本格機能」の実装について努力しようとも、ユーザー企業側がそれを使いこなせないのではないかということが大きな課題である。

　ただし、前述のとおり、ユーザー自身が人材モデリングを行いやすくするため、ベンダー側から標準テンプレートやライブラリーとして、ジョブ

定義、スキル一覧を提供していこうとする動きは徐々に見られるように
なってきた。

では、まず何から始めるべきか。164〜167ページで前述したとおり、個
人情報については、

- 利用目的を明確に示し、取得と利用の承諾を得る。

- 「不採用」の場合も、今後のキャリア選択やキャリアプラン構築に役立つフィー
  ドバックを提供する。

- 正式に従業員となった際は、情報が本人の知らないうちに不利な方向で使
  用されないことを明確にする。

- その旨を明記した画面を表示させ、内容を一読したうえで「承諾」の意思表
  示をさせることで初めて応募先ポジションへのエントリー手続きに進むことがで
  きたり、アセスメントの受験ができたりするようにする。

として、実際に仕組み作りを先行させておかなければならない。すべての
従業員データは従業員本人のためにあり、従業員の持続可能な働き方に
寄与する方向でしか使用してはならない。この点についての具体的施策の
実践例は「第4章」で紹介する。

次に「データ不足」の問題、特に人材モデリング（セルフジョブ定義、優
秀人材像の定義）については、既に本章の139ページ〜で説明している。

2. 人材開発

1) サービスの定義

従業員個々人の育成やキャリア開発に役立つ機能を備え、ラーニング
コンテンツの提供や受講履歴の管理、個々人の保有スキルの管理、スキル
の保有状況に応じたラーニングメニュー、または育成プランの提示を行う。
これは狭義の「タレントマネジメント」にも密接に関連するが、主に育

成担当者や研修管理者が使用する。その他、付属的な領域として、1対1面談やOKRの支援ツール、Chatbotの仕組みを活用した従業員向けキャリア相談ツールのソリューションも存在する。

2）需要の背景

前述（→160ページ）したとおり、まず主な問題点としては、

- 労働人口が減少の一途
- 苦労して人材を採用しても離職率が高く、定着できない

であり、入社後の従業員の人材育成の観点からは、

- 「スキルギャップ（現在の職務に求められるスキルと、その人材が保有しているスキルとの差）」を見える化。
- そのギャップを埋める最適なラーニングメニューや最適なポジションへの異動を提示することにより、ジョブ・フィットしている状態を保つことが重要。

が挙げられる。それにより、以下のようなメリットがあると言える。

- 従業員は常に結果を出しやすくなるため、結果的に「従業員体験」が向上する。
- ジョブ（職務）とのミスマッチを防止することは、企業側だけでなく従業員側にも非常に大きなメリットがあり、エンゲージメント向上にも役立つ。
- 「自らキャリアを切り拓いていきたい」という強い願望を抱いているミレニアル世代に対しては、最適なラーニングメニューや最適なポジションを、自ら考え、選択できる形で提示することが最高の支援策。
- 「従業員体験」を高いレベルで提供できる企業は、従業員自身がその企業で長期にわたって活躍できるイメージを描きやすく、それが人材維持（リテンション）にもつながるため、人材獲得における競争力も高くなる。

「従業員体験」を向上させるためには、パーソナライズ（個別化）という要素が欠かせず、そのためにはテクノロジーの活用が必要不可欠と言える。これらの観点でのテクノロジー導入が、企業人事において最も需要が高まっているところと言える。

　また、先般の「コロナ禍」を受けてテレワークの導入が一気に広まったことによって、上司―部下間、あるいは同僚同士のコミュニケーションのあり方にも大きな変化があった。

　具体的には、リアル対面の機会が極端に減ったが「アドバイス」や「評価」はこれまで同様、あるいはそれ以上の質をもって行いたいというニーズの高まりとともに、「1対1面談」の必要性・重要性が認識された。

　これまでも、特に若手人材のエンゲージメント向上の観点から「1対1面談」の導入が積極的に進められてきたが、この動きがさらに加速した。制度の導入も表面的な取り組みにとどまらず、より真剣に、実質的なやり取りを模索するようになった。

　そのような中、マネジャーの力量や人間力を短期的に向上させることが困難であるからこそ、これをテクノロジーの力で補い、1対1面談のあり方を劇的に進化・改善・高度化させるための支援ツールの活用が広まった。

　もう1つの大きな変化は、SDGs、ESG投資の流れを受け、「人的資本開示」の考え方に則って、各従業員が保有するスキル・コンピテンシーの種類とレベルを定量的に把握、可視化しようとする動きが出てきたことである。

　例えば、ISO30414のガイドラインに沿った形で「人的資本（Human Capital）」についての情報開示を行う「ヒューマンキャピタルレポーティング」のためには、ジョブ定義、スキル定義の情報が不可欠とされている（→156ページ）。また、「人材版伊藤レポート2.0」の中で示されている「3つの視点と5つの共通要素」のいずれを取っても「スキルの可視化」を行ったほうが、より実効性が増すと言える。（→157ページ・図3-1）

これらを実現するには、日々の上司—部下間による実質的なコミュニケーションによる「スキル棚卸し」作業が欠かせず、まさに1対1面談の場がそれにふさわしいのである。さらに、これらのスキル・コンピテンシーの種類やレベルを常に更新し続けるためには、ラーニングの仕組みも重要な要素となる。

3）業界トレンド

　教育・研修を得意とするベンダーが、もともと企業向けのカリキュラムやコンテンツを有しており、それらをシステムに乗せて提供するという流れが加速し、これらのベンダーは教育・研修プラットフォーマーへと進化を遂げている。AIエンジンを組み込んでマッチング精度を高める仕組みも充実してきている。

　AIによるマッチングも含めたテクノロジー面の充実は、やはり海外ベンダーに一日の長があり、特にサムトータル・システムズ（現在は、コーナーストーンオンデマンドジャパンに買収されて傘下に入ったが、ソリューションとしては独立性を保っている）のソリューションは注目に値する。

　同社を始めとする海外ベンダーの特徴としてまず、ラーニング・マネジメント・システムを皮切りに、機能領域をタレントマネジメントや採用にまで拡大しつつあり、統合型ソリューションに進化させようとする流れが顕著になっている。

　この領域では、「マイクロラーニング」もトレンドである。「マイクロラーニング」とは、5分〜15分程度の短時間で1トピック、2トピックに集中して、主にスマートフォンなどのモバイル機器を使って手軽に学習する方法、スタイルのことである。電車移動などの「隙間時間」を活用して行われることも多い。ベンダーの観点からは、コンテンツや管理ツールが「完全モバイル対応」していることが必須と言える。

　UI・UXは「コンシューマーグレード（一般消費者が日々享受しているレベル）」

が高いレベルに達していることも求められ、「Netflix Like（まるでネットフリックスのように直感的な）」というのがキーワードとなっているほどである。

　今回の「コロナ禍」を受けてテレワークの導入が一気に広まったことにより、リアル対面の機会が極端に減った中、いかにして質の高いサポートをメンバーに対して行うことができるかという課題を解決するテクノロジーが注目されている。

　そのうちの1つが、1対1面談のあり方を劇的に進化・改善・高度化させるための支援ツールであるが、例えば、メンバー側の性格特性データやこれまでの対話履歴から「次回の1対1面談において、どのような点に注意を払いながら対話を進めるべきか」という観点からのアドバイス（レコメンド）が、マネジャーに対してなされるようなソリューションが登場している。

　さらに、自分自身の働きぶりや成果をリアルに見てもらいにくくなったという状況下でも、マネジャーや組織に対してアピールしていく手段の1つとして、ラーニングソリューションの利活用が注目されている。

　自宅に居ながら隙間時間を巧く活用して、コツコツとラーニングの受講を進め、新たなスキルをどれだけ身に付けていったかを「記録」として残していくのである。マネジャーとしては、そのような活動状況も評価対象としやすくなる。

　また、前述のとおり、SDGs、ESG投資の流れから「人的資本開示」の要求に対して、各従業員が保有するスキル・コンピテンシーの種類・レベルを定量的に把握、可視化しようという動きが出てきたことに伴い、1対1面談の場を利用して、メンバーの「スキル棚卸し」をサポートするようなソリューションも求められてくる。

　この点については、予め「ジョブライブラリー」「スキルライブラリー」を搭載したソリューションの活用が促進されるはずであるが、海外では、

このような特性を備えたソリューション群の呼び名として「タレント・インテリジェンス」という言葉が登場した。

4）今後の方向性と本来あるべき使い方

「自然言語（日常の意思疎通に用いられる言語）」による従業員からのさまざまな相談に対して、AIが「客観データ」に基づいた回答を行うことが可能になってきている。主な相談事項としては次のA.〜C.が考えられる。

A. 社内の異動先として可能性があるポジションの提示

B. 将来のキャリアパスの提示

C.「スキルギャップ」を埋める学習メニューの提示

　特にA.とB.に関しては、「将来のキャリアが見えない」という問題に対して有効である。C.は「パーソナライズされた従業員体験の提供」の典型例である。これ以外にも、「メンターを探したいのだが、どうすればいいか」「家族の身上異動があったが、どうすればいいか」といった質問に適切な手続きを提示するような、人事業務の効率化という効果も期待できる。

　これも従業員側から見れば、シンプルな疑問に正確に即答してくれるため、場合によっては人間が対応するより満足度が高い可能性があり、従業員体験の向上を通じた従業員エンゲージメントの向上にも寄与する。

　また、AIが組み込まれたラーニングシステムを活用して、従業員一人ひとりに対して、その人に合ったラーニングメニューを編成することが可能になる。過去の受講履歴から受講者の「好み」まで学習し、従業員の好みに合ったメニュー（または、好みが偏っているがゆえに受講量が不足しているメニュー）を提示することもできる。

　研修受講時に取得したデータを、その後の人材育成や、キャリア開発

プランの策定に活用するようになってきているのも大きなトレンドである。従来、研修受講時のデータは、そもそも取得されたり記録されたりせず、取得していても研修終了後に使われることはほとんどなかった。

　しかしながら、ただでさえ従業員個々人のデータの取得が難しいと言われている中、「研修受講時のデータをその後も活用しない手はない」ということで、その後の異動先の決定、パーソナライズされた育成プランの作成などに活用されるようになってきている。

　この時、さまざまなデータを重ね合わせたり掛け合わせるためのツールとして分析ツール、ダッシュボード（結果をさまざまな形式の表やグラフでビジュアライズする機能）ツールがにわかに脚光を浴びている。

　以上の方向性を踏まえ、本来あるべき使い方を次のように提言したい。

　まず、日常業務の中に「1対1面談」の仕組みを取り入れて定着させる。そのためには、「1対1面談」を決められた頻度で実施し、対話内容についてメンバー側からの満足度が高いマネジャーに対しては、それに応じた評価を行う仕組みの導入が必要だ。

　さらに、メンバー側にもマネジャー側にも、自発的に「1対1面談」を実施したくなるような仕掛けも必要であり、この部分はHRテクノロジーに担わせるのがよい。

　例えば、「○○さんが、今、このような助けを必要としているようです」「○○さんは先週このような善いことをしたので早速感謝の気持ちを直接伝えましょう」というような、タイムリーなアクションレコメンドとともに、次回の「1対1面談」スケジュール登録やスケジュール調整が自動的に行われるような仕掛けが有効だ。

「1対1面談」では、次のような対話がなされる。

マネジャー：今日は、どんな話がしたいですか？

メンバー：向こう3年間を見据えてのキャリアプランを立ててみたので、それについてアドバイスが欲しいです。

マネジャー：あなたの「セルフジョブ定義シート」によると、○○スキルについて補強することが△△ポジションに就くことの近道のようですね。ラーニングの利用はもちろん、ちょうどいいプロジェクトがあるから、そのメンバーとして推薦しておきます。

メンバー：いつもありがとうございます。感謝の気持ちとして、「強力な支援者」のバッジを早速送っておきますね。

「1対1面談」の実施の前に、マネジャーはメンバーについて次のような情報を事前に取得できていればなおよい。

- 中長期のキャリア志向についての情報
- 現在保有しているスキルの情報
- 直近のラーニング受講履歴
- 前回の1対1面談での対話履歴と、内容についてのフィードバック（感想）情報

「1対1面談」が終了すると、すぐに次のアクションを起こすことができる。例えば次のような流れだ。

- システムからレコメンドされてきたラーニングメニューの確認
- 受講申し込み
- マネジャーからのアドバイスを受けて保有スキルの種類やレベルの情報の更新
- マネジャーから勧められたプロジェクトの情報の確認

　この後、ラーニングを受講し、完了すると、受講履歴と該当スキル情報の更新が行われる。場合によっては、バーチャルバッジも発行される。

Chatbotの仕組みを活用して、次に利用すべきラーニングコンテンツについて質問したり、別のキャリアプランを立てることや、今後の目標設定についてサポートしてもらうことも可能だ。人間のマネジャーだけを頼るのではなく、キャリアについて、もう一人のバーチャルアシスタントがいて、セカンドオピニオンを聞けるような感覚だ。

5）今後に向けての課題と取るべきアクション

前述（→155ページ）のとおり、第一に「**個人情報取得**」の問題と、第二に「**必要な情報（データ）の不足**」の問題が存在する。すなわち、予め人材モデリング（ジョブ定義、優秀人材像の定義）を行っておく必要があるが、ほとんどの企業が行っていない。

言うまでもなく、AIが根拠を持って適切な学習メニュー提示を行うためには、膨大なデータを予め整備しておく必要がある。

特に、従業員に関する情報取得については、従業員側の協力が不可欠である。しかし、自分自身の情報を詳細、かつ正確にシステムに入力するのは、それなりの労力がかかる作業と言える。したがって、自然と入力のモチベーションが高まるような仕組み作りが重要とされており、操作性やUIが優れていて、ユーザーに受け入れられやすいラーニングシステムの導入そのものが、情報取得促進の鍵となる。

それ以外に、従業員情報の入力や研修受講を促進させる仕組みとしては、「オープンバッジ制度」の導入が挙げられる。

「オープンバッジ制度」とは、例えば、いくつかのまとまった研修を受講した従業員に対して修了認定し、スキルの証としてバッジを与えるものである。社内での研修受講履歴が社外でも通用するような仕組み作りも、企業横断的、かつ産学連携で活性化している。

ここで、現時点における最大の課題と言えそうなのが、前述のような「ジョブライブラリー」「スキルライブラリー」が整備されたとしても組織

内の人材育成の根本思想が「ジョブ型」に寄ったものでなければ、具体的な活用が難しそうだということである。

　2023年10月にラスベガスで開催された HR Technology Conference & Expo の中で「これからは、ジョブ中心からスキル中心へとシフトしていく」というメッセージが繰り返し発せられたことからしても、「ジョブ型」でなければ「バッジ制度」も「絵に描いた餅」になるというわけでもなさそうだ。

　とは言え、いくらスキルを新たに取得しても、バッジを取得しても、それらを成果の1つとして評価されたり、報酬水準のアップにつながらなければ、モチベーションを維持させることが困難になるということは言えるだろう。

　では、まず何から始めるべきか。

　個人情報と人材モデリング（ジョブ定義、優秀人材像の定義）については前述（→139ページ）のとおりであるが、それ以外に、ラーニングコンテンツに対してスキルのタグ付けも行っておく必要がある。

　コンテンツの管理者にすべて任せると膨大な作業量になるため、まずは有志を募り、ラーニングコンテンツを利用するたびにフィードバックをもらう。「このコンテンツは、どのようなスキル習得に役立ったか、あるいは、役立ちそうか」について回答してもらうのだ。実はこれは、まるでラーニングコンテンツに対して「セルフジョブ定義」を実施するに等しい。

　これらの有志に対して、「ラーニングオーガナイザー」という称号を用意して、それをバーチャルバッジとして表現する。そして実際にバッジを付与する。

　バッジが付与されたことを全社的に公開し、正当な賞賛を与える。それは金銭的なものでなくても、人事上の優遇措置でなくてもよい。まずは、バッジを持つことは賞賛につながるのだという意識付け、文化醸成が必要なのである。

3．組織開発

1）サービスの定義

　組織開発とは組織の健全さや変革力を高めたり、より効率的な組織にしていくための取り組みである。人と人の関係性の変化によって組織の変化を狙うものとも言われ、組織全体のパフォーマンスや、働き方の改善により、組織目標を達成するための組織能力を向上させる目的で行われる。

　具体的には、組織の現状を理解し、改善させていくための「従業員エンゲージメントサーベイ」、コラボレーションを促進するための「社内コミュニケーションツール」、賞賛文化を醸成するための「ピア・リコグニションツール」がある。

　特に近年は、組織の状態を測る指標として「**エンゲージメント**」が注目されている。エンゲージメントとは、組織と従業員が対等な関係となり、互いに貢献し合う関係性がどれだけ構築されているかを示すものである。「エンゲージメント」を支えるものは結局のところ「従業員体験（エンプロイー・エクスペリエンス）」である。

　さまざまな角度から「従業員体験」を向上させる施策に取り組んでいけば、その結果として「エンゲージメント」は自然に向上していくという考えも広がり、直接的に「従業員体験」の良し悪しを測定するサーベイソリューションが注目されている。

　逆に、エンゲージメントのスコアに直接与えている要因のみを突き止めようとしたり、スコアを直接的に上げようとして何かを付け焼き刃的に行うのはナンセンスと言える。

　エンゲージメントを維持、向上させるには、「従業員体験」の側面から1つ1つの人事施策を見直したり、人事制度を拡充させたり改変していく必要がある。

　順番としては、エンゲージメントのスコアを結果的に押し上げている／

押し下げていると思われる組織風土の状態を俯瞰的に捉え、なぜその状態になっているのかについて、仮説検証を繰り返して深掘り分析を進める。

この時、「従業員体験は、従業員エンゲージメントのKey Driver（主要な推進力）である」という考え方が重要であり、これは、マーケティングの世界でも「顧客体験を高めることが、顧客のエンゲージメントを高めることにつながる」と考えられていることから、その「応用編」あるいは「従業員版」であると捉えると、具体的な施策を思い付きやすくなる。

主に人事部門の中の組織開発担当者が管理者となるが、使用するのは従業員全般であるため、なおさら「従業員体験」の向上に注力してシステム開発やソリューションの選定を行うべきである。

他方、1対1面談の支援ツールが、この領域においても重要な役割を果たすようになった。——先般のコロナ禍を受け、テレワークの導入が一気に広まったことにより、上司—部下間や同僚同士のコミュニケーションのあり方にも大きな変化があった。これまでも、特に若手人材のエンゲージメント向上の観点から「1対1面談」の導入が積極的に進められてきたが、この動きがさらに加速した——というのは、「人材開発」の項でも言及したのと同様、「組織開発」にも当てはまるのである。

その他、付属的な領域として、OKR（Objectives and Key Results：目標と主要結果）の支援ツール、リアルタイム・フィードバックツールも存在する。

2）需要の背景

昨今、ビジネス環境の変化のスピードが、よりいっそう増してきており、企業は機動的な事業運営を行っていくことが求められている。具体的には、「アジャイル」「デジタル変革」「ダイバーシティ」などをキーワードとして、失敗を恐れず挑戦し続ける新たな組織作りが求められている。

それに応じるように、従業員個々人にスポットを当てた従来型の人事施策だけでは課題解決につながらないケースも増えてきている。

そこで、本人と上司や職場メンバーとの「関係性」に根本的な問題があると捉え、その関係改善を図る効果的な施策の必要性が高まっている。それにより組織を活性化し、パフォーマンスを最大化することにもつながる。

　これには前述（→160・170ページ）の背景があるが、まとめると、

- 労働人口が減少の一途をたどる中、苦労して人材を採用しても、離職率が高く、人材の定着ができないことが問題。

- 組織の状態を改善して組織を活性化させることは、企業側だけでなく従業員側にも非常に大きなメリットがある。

- まずは従業員体験の向上が、その先のエンゲージメントの向上にも役立つ。

- エンゲージメントの向上は組織全体の業績向上にもつながり、離職防止にはダイレクトに効く。

- さらに、従業員体験を高いレベルで提供できる企業は、従業員自身がその企業で長期にわたり活躍できるイメージを描きやすく、人材維持（リテンション）にもつながるため、人材獲得における競争力も高くなる。

- エンゲージメントの向上のためにはまず「従業員体験」を高いレベルで提供していくことが大前提。

- 従業員体験を向上させるにはパーソナライズ（個別化）という要素が欠かせず、テクノロジーの活用も必要不可欠。これらの観点でのテクノロジー導入が、企業人事において最も需要が高まっている。

- 「コロナ禍」を受け、テレワークが一気に広まったことにより、上司―部下間あるいは同僚同士のコミュニケーションのあり方にも大きな変化。リアル対面の機会が極端に減ったが「アドバイス」や「評価」はこれまで同様、あるいはそれ以上の質をもって行いたいというニーズの高まりとともに、「1対1面談」の必要性・重要性が認識された。

- これまでも若手人材のエンゲージメント向上の観点から「1対1面談」の導入が積極的に進められてきたが、この動きがさらに加速。人材開発・育成のみならず、組織開発の観点からも「1対1面談」の重要性が再確認された。

- SDGs、ESG投資の流れを受けての「人的資本開示」の考え方に則って、「リーダーシップに対する信頼」の度合いや「労働力の多様性」の度合いを定量的に把握して可視化しようとする動きが加速しそうだ。

とりわけ、最後の項目については、実際に「企業内容等の開示に関する内閣府令[*1]」などの改正が2023年1月に行われ、有価証券報告書に「非財務情報」として「サステナビリティ」という項目が新設された。

その中の「人的資本開示」の欄に「社内環境整備方針」の具体的内容として「多様性」を高めるために行っていること、あるいは行おうとしていることを記述する必要がある。

また、「従業員の状況」の中に「多様性」として、例えば「女性管理職比率」の数値を記載することが義務付けられた。

[*1]「企業内容等の開示に関する内閣府令及び特定有価証券の内容等の開示に関する内閣府令の一部を改正する内閣府令」2023年1月31日

リーダーシップに対する信頼を獲得したり、多様性を促進するには、

- 定期的なサーベイの実施や、組織を構成するメンバーのきめ細かな「属性」や「特性」の把握。
- データによって現状をリアルタイムに把握し、影響分析、要因分析を行う。
- 常に試行錯誤しつつ、改善策についての仮説立てを行い、検証していくプロセスの確立。

も急がれる。ここでは、現状把握だけではなく、一定期間経過後にどのような状態にまで持っていきたいかという目標を数値で掲げ、そこに向けてのアクションプランを立て、計画どおり実行されるように具体的なアクションにつなげていく仕組みの確立が急務である。

3）業界トレンド

　「エンゲージメント」については、かつて人事コンサルティングファームの牙城であった。近年、これらのファーム自らがこれまで培ってきた知見を盛り込んだ各種ツールを提供したり、これらの領域を専門としたツールベンダーが新規参入してきている。

　ここで言う「知見」とは、——「どのような質問項目を用意して、どのような選択肢から回答を選んでもらえば、組織のエンゲージメント度合いを示す各指標を計測できるか」——ということであり、産業組織心理学の素養が必須となる。また前述のとおり、直接的に「従業員体験」の良し悪しを測定するサーベイソリューションが注目されており、ここにもやはり産業組織心理学の知見が活用されている。

　「コミュニケーションツール」については、Web会議やチャットの仕組みを提供するベンダーの各ソリューションがもともと存在しており、それらは「組織内のコラボレーションを促進するものである」という認識がHRテクノロジー界隈でなされるようになり、ひいては「組織開発」につながるものとして扱われるようになった。

　HRテクノロジーをテーマとした海外のカンファレンス（例えばHR Technology Conference & Expo）では「HR TechからWork Techへ（トレンドが移っていく）」といったことも叫ばれており、コミュニケーションツールの類は「Work Tech」に分類されるものであることから、この領域の進化が非常に注目されている。

　「ピア・リコグニション・ツール」については、北米地区で数年前から活用が広まり、ここ3、4年で日本国内でも必要性、有用性が叫ばれるようになった。「組織開発」の分野の中でも、特にこの領域については、国内の企業文化がまだまだ追いついていないと言われてきた。

　この点、今回の「コロナ禍」を受けてテレワークの導入が一気に広まったことによってリアル対面の機会が極端に減った中、いかにして質の高い

サポートをメンバーに対して行うことができるかという課題を解決するためのテクノロジーが注目されているのは、ここまでにも見たとおりである。

そのうちの1つが、1対1面談のあり方を劇的に進化・改善・高度化させるための支援ツールであり、もう1つ注目されているのがピア・リコグニション・ツールである。

自分自身の働きぶりや成果、日々のささやかな組織貢献活動をリアルに見てもらいにくくなった状況下でも、マネジャーや組織に対してアピールしていく手段の1つとして、あるいは「しっかりと認めてくれている」とメンバーに実感してもらうためのツールとして利活用が注目されている。

そして前述のとおり、SDGs、ESG投資の流れを受けた「人的資本開示」の考え方から、「リーダーシップに対する信頼」や「労働力の多様性」の度合いを定量的に把握、可視化という動きが加速してきた中、単に現状を可視化するだけでなく、今後の改善に向け、具体的に何を行えばいいのか、さまざまなデータから「アクションプラン」を提示してくれるようなソリューションがよりいっそう求められていくだろう。

その時に必要な「人間側の特性」を把握するためのデータとして、まずは性格特性（パーソナリティ）の情報が不可欠であり、それは各種アセスメントツールの活用によって取得可能である。

他方、もう1つ必要なのはスキルのデータであるが、この情報の入手はそれほど簡単ではない。

日本企業の事情に合った1つの現実解として、現場主導で自身のジョブ定義書を自ら作り上げる「セルフジョブ定義」という手法によって自身の保有スキルを可視化する。それを組織として微修正しつつ、フォーマルに「認定」するやり方があるのは前述（→139ページ）のとおりである。

ちなみに、このような手法によって可視化されたスキルの情報は、本質を捉えた「人的資本開示」を行う際にも「後継者計画」の基準としても、きめ細かな人材育成の方針作りや、リスキリング体制の充実、さらには

「知と経験のダイバーシティ＆インクルージョン」の促進度合いの計測等々さまざまな点で基盤となるデータとして活用可能である。

４）今後の方向性と本来あるべき使い方

まず「エンゲージメント」に関しては、サーベイの結果から改善すべき事項やアクションプランまでもがレコメンドされるような機能が標準的になるだろう。また、サーベイの結果と、その他の広範なビジネスデータを掛け合わせて深掘り分析するために、汎用的なダッシュボードツールを併用する流れもますます加速されるはずである。

次に「コミュニケーションツール」については、「乱立」を防ぐため、メール、チャット、ファイル共有、スケジュール、Web会議などの必要な機能がすべて盛り込まれた統合型ソリューションを1つ選定して使用するケースが増えそうである。一方、それぞれの領域に強みを持った個々のソリューションを組み合わせながら、「ベスト・オブ・ブリード」を目指そうとする動きも根強く残っている。

この領域の1つの大きな流れとしては、「従業員体験の向上」「パーソナライズされた体験の提供」という観点から、よりいっそう機能が深化され、他の領域と結合していきそうである。例えば、従業員同士のチャットのやり取りをAIが観察し、キーワードを拾って「その話題に最も詳しいのは○○さんだよ。このチャットグループに追加するね」という具合に、自動的にコミュニケーション、コラボレーションの活性に貢献してくれるようになる。さらに「今後のキャリアであなたの参考になるのはA部署のBさんで、彼のようになるには、Cのラーニング受講が不可欠である」といったキャリアコーチやラーニングレコメンデーションも行われるようになる。

最後に「ピア・リコグニション・ツール」については、やはりこの領域もAIの働きが期待される。例えば、賞賛活動を怠っている従業員に対して、「さっきの会議の中でのAさんの発言について『いいね！』をしたほ

うがいい」「先週1週間であなたはＢさんにこんなことを立て続けにやってもらっている」と、AIのエンジンが組み込まれたチャットツールによって気付かせてくれるようになるだろう。

　以上の方向性を踏まえ、本来あるべき使い方を次のように提言したい。「人間側の特性」を把握するデータとして、性格特性（パーソナリティ）の情報、職務上の適性について評価・判断するために必要なスキルのデータ取得についての「アセスメント」を、わざわざ受験したり、「スキル棚卸し」のワークショップへの参加のために、まとまった時間を確保することなく、1つのプラットフォーム上で「いつの間にか」それが行われる状態が望ましい。

　もちろん、「いつの間にか」というのは従業員にとって「不意打ち的に」ということではない。むしろ、従業員側の負担を極限まで低減させるために、取得と利用目的について事前に同意を得たうえで、日常の営みの中、自然な形で少しずつ取得する（データを提供してもらう）という意味である。

　例えば、従業員同士のコミュニケーションを促進したり、連絡を取り合うための「電話帳」の役割で使用されているような、皆にとって馴染みのある社内共通のツールから、「従業員向けサービスのさらなる拡充のために」という目的が示されたうえで「いついつまでに次のような質問に、（少しずつでいいので）回答してください」という依頼についてアナウンスされるイメージである。

［質問項目の例］

- 仕事上の価値観やコミュニケーションスタイルについての質問

- 現在担当している任務／職責の内容

- 職務遂行上必要、あるいは役立っていると思われる（広義の）スキル

以上のようなことについて、実際にはもっと細かい項目として分解された

「質問」が、各々の従業員にとって最適と思われる時間帯やタイミングに数問ずつ、社内共通ツールのチャット機能を利用して届けられる。

　ちなみに、「最適と思われる時間帯」の判断は、「チームスピリット」のような「ワークログ」機能を備えた勤怠管理システムによって取得されたデータからインサイトを得たうえで行われる。（図3-2）

　最適なタイミングで毎回負担と感じられない程度に「小出し」になった質問群で構成されるため、「答える気になる」のである。これらに回答すればするほど、即座に、目に見えるようなメリットも享受できる。

図3-2　「チームスピリット」の「ワークログ」機能

チームスピリットは「ワークログ」を用いた組織改革をご支援し、
業務生産性の向上や組織エンゲージメント強化に貢献いたします。

チームスピリットが提唱するワークログとは？

ワークログとは、従業員の皆様が日々働いている中で「どのような意味を持つ時間か」を定量する活動データのことで、経営やチーム運営において欠かせないデータです。
チームスピリットはこのワークログを用いて、企業の生産性向上や業務改善のために分析活用する方法をご提供しています。

ワークログ活用のポイント

皆様のビジネスシーンでワークログを実用いただくため、チームスピリットではデータの収集から分析実行に至るまでトータルにワークログ活用をご支援いたします。

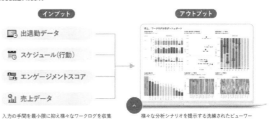

出典：チームスピリット「ワークログ」
https://www.teamspirit.com/worklog

例えば、次のようなレコメンデーションがなされるようになる。

- 次に受講すべきラーニング（研修）

- 応募すべき社内ポジション（社内公募制のもとで）やプロジェクト

- 次回の1対1面談において、上司あるいは部下と対話すべき内容

回答内容を充実させていくと、それにつれてレコメンデーションの精度も上がっていく。さらに回答者が増えていくと「あなたの今後のキャリアの参考になるのはA部署のBさんで、彼のようになるためにはCのラーニング受講が不可欠である」といったキャリアコーチのようなサービスにもつながっていく。

従業員エンゲージメントサーベイや、ピア・リコグニションについても同様で、わざわざ専用ツールを使用することなく、日常業務の中でいつも使い慣れた同じプラットフォーム上で気軽に感謝の気持ちを伝えたり、皆の前で（バーチャルに）賞賛を与えたり、仕事をするうえで課題となっていることについてのアンケート調査に協力もできる。

さまざまなデータがリアルタイムに、同じところに集約されていくため、それぞれの掛け合わせから無限のインサイトを得ることができる。

例えば、前述のような、「さっきの会議の中でのAさんの発言について『いいね！』をしたほうがいい」とか、「先週1週間であなたはBさんにこんなことを立て続けにやってもらっている」といったものである。

従業員エンゲージメントサーベイの結果から改善すべき事項のみならず、具体的なアクションプランまでもがレコメンドされやすくもなる。

さらには、これも前述のとおり、「その話題に最も詳しいのは○○さんだよ。このチャットグループに追加するね」と教えてくれたりもする。

5）今後に向けての課題と、取るべきアクション

　エンゲージメントについては、サーベイの結果をレポート出力したり、経年変化を確認するダッシュボードが標準装備されるようになった。しかしながら、その結果から何らかの気付き（インサイト）が得られるレベルになるまでの深掘り分析ができずに終わってしまうケースは多い。

　数か月に一度、数週間に一度といった高頻度で行われるパルス・サーベイの場合に多く見られる傾向であるが、前回と結果にほとんど違いが見られないケースも多く見られる。

　コミュニケーションツールについては、似たような複数のツールが同時並行的に使用され、統制の取れない「乱立」状態となっていることが多い。そのため、本来は効率的なコミュニケーションの促進を図る目的で導入したものが、結果的にコミュニケーションルートの分散化を招き、例えばメールで返信が来ることを期待していた予想に反して、チャットツールで大事な回答があっても気付かず、丸一日放置してしまうというようなことにもなりかねない。

　メールでは添付ファイルの送信に高度なセキュリティがかけられているにもかかわらず、「抜け道」としてチャットツールにファイルを添付して社外に送信するというケースも散見される。

　ピア・リコグニション・ツールについては、何と言っても「褒め合う」ことについて組織文化が追い付いて来ないことには、どれほど優れたツールを導入しようとも取り組みは活性化されない。草の根運動的に限られた部門の現場従業員のグループから始めるのもいいが、ある程度、人事的な評価の仕組みと絡めるなど、トップダウン型で強制力も働かせていくことも検討されるべきである。

　では、まず何から始めるべきか。

　繰り返しになるが、「もともと従業員同士のコミュニケーションを促進したり、連絡を取り合うための『電話帳』のような役割で使用されている、

皆にとって馴染みのある社内共通のツール」を起点として、自社の実情と照らし合わせ、ライトに始めやすいところからとにかくやってみることだ。

　その中でもお勧めなのが、「1対1面談の高度化（対話の内容を充実させる。できれば中長期目線でのキャリアについてのアドバイスを含める）」をお題目に、「そのために役立ちそうなデータは何か」という問いから始めることだ。

　性格特性（パーソナリティ）の情報でも、職務上の適性について評価・判断するために必要なスキルのデータでも、その他のデータでもよい。自社の実情やニーズを踏まえ、なるべく多くの従業員に協力してもらいやすいところから、現場の「フレッシュな」データを収集し始める。

　例えば、「第2章（→p.131〜134）」でも少し紹介した、PHONE APPLI PEOPLE と entomo のコラボレーションにより具現化される予定の包括的ソリューションを活用して、次のようなステップで進めていくのはどうだろう。

①社内共通で使用しているチャットツールを用いて経営トップ、あるいは人事担当役員（CHRO）の名により「従業員向けサービスのさらなる拡充のため」という目的が示されたうえで「いついつまでに次のような質問に（少しずつでいいので）回答してください」という依頼がアナウンスされる。
［質問項目の例］

- 仕事上の価値観やコミュニケーションスタイルについての質問

- 現在担当している任務／職責の内容

- 職務遂行上必要となる、あるいは役立っていると思われる（広義の）スキル

②以上のことについて、各々の従業員に最適と思われる時間帯*やタイミングに数問ずつ、社内共通ツールのチャット機能を利用して届けられる。

* 「最適と思われる時間帯」の判断を行うために、「チームスピリット」（→187ページ）の「ワークログ」機能を活用して得られたデータを分析・集計し、PHONE APPLI PEOPLE内（→134ページ）の従業員属性データとして個々の従業員ごとに「最適時間」の情報が登録されている状態にしておく。

②-1 コミュニケーションパターン分析アセスメントの例

「あなたの『スタイル』は次のうちいずれが最も近いですか？」——「直接的で決断が早い」「楽観的で社交的」「思いやりがあり、協力的」「緻密で正確」——という質問が送信され、回答を取得する。

この時、選択肢 を独自に用意するか、次のようなアセスメントツールを活用するのもいい。

アセスメントを活用する場合、図3-3（p.130・図2-2再掲）の「4つの行動スタイル」の強弱バランスを確認する設問を介して、自身のコミュニケーションパターンを分析するレポートを活用する。マネジャーと部下の双方がアセスメントに回答すれば、より適切に信頼関係を深める示唆を得られる。

図3-3　DiSC理論（図2-2再掲）

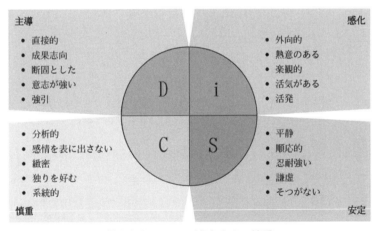

出典：HRD Inc.「Everything DiSC」
https://www.hrd-inc.co.jp/whatsdisc/

②-2

「仕事上、最も大切にしている価値観はどれですか？」

- 自由

- 専門的スキル

- ワークライフバランス

- イメージ、および評判

- 利他的な貢献

- 不可能の克服

- 安定の維持

- 経済的な成功

という質問が送信され、それに対する回答を取得する。

②-3

「現在担当している任務／職責の内容について、自分なりの自由な表現で、自分目線で、かつ、社外の友人や家族に伝えることをイメージしながら200字以内の文章にまとめてください」という質問が送信され、それに対する回答を取得する。

②-4

「職務遂行上必要となっている、あるいは役立っていると思われるものを、20個以上挙げてください。それは知識でも、経験でも、性格特性でも、何でもいいです」という質問が送信され、それに対する回答を取得する。

③これら②の一連の質問によって取得できた情報を生成AIに読み込ませ、

あるいはPHONE APPLI PEOPLEの新機能「AIプロフィールサマリー機能」によって、従業員のプロフィールを自動生成、合わせて、スキルの可視化も客観的に行う。

（参考）**図2-6　AIプロフィールサマリー機能**（→p.134）

https://prtimes.jp/main/html/rd/p/000000221.000017441.html

④これら③の情報をベースに、上司—部下の間で1対1面談を実施し、特に「個別化」された体験を提供できるように努める。

⑤さらにキャリア支援につながる1対1面談にすべく、③の情報をベースに、これをさらにentomo（→131〜133ページ・図2-3〜2-5）にも連携させてスキル一覧の精緻化を行う。

（参考）https://jp.entomo.co/jp/solutions/careers-tomorrow/

⑥さらにキャリア支援につながる1対1面談にすべく、entomoの機能により「適職」の診断を行う。自身が希望するポジション（Job Role）とのマッチ率（裏を返せばギャップ率）がわかる。上司から部下に、これらのデータを基にしたアドバイスを行う。

⑦さらにキャリア支援につながる1対1面談にすべく、entomoもしくはPHONE APPLI PEOPLEの機能により、ラーニングコンテンツのレコメンドを行う。自身が希望するポジション（Job Role）とのスキルギャップを埋めるために最適なラーニングメニューが提示されるよう、ラーニングマネジメントシステムとの連携を行う。上司から部下に、これらのデータを基にしたアドバイスを行う。

4. 勤怠・労務管理

1）サービスの定義

　勤怠管理システムは、従業員の日々の出退勤の管理、有給休暇の管理、残業時間の管理など、就業管理全般の機能を有し、「月あたり平均残業時間」などの「勤怠レポート」の出力機能を有している。

　労務管理システムは、社会保険、労働保険、年末調整など、従業員の労務手続きを効率化するためのものである。各種フォーマットに従った書類の出力のみならず、電子申請にまで対応したものもある。

2）需要の背景

　昨今、働き方改革関連法や育児・介護休業法など、法令対応を始めとする労務コンプライアンス対策と、労務管理費のコストダウンの必要性が高まっている。それ以外にもさまざまな業務形態もカバーし、例えばマイナンバー制度などにも対応できることから、業務プロセスの改善（確実化）と効率化を目的としての需要がある。

　手続項目を可視化し、シンプルに進捗管理することで漏れなく手続きが完了できることから、システムを活用した労務管理に注目が集まっている。

　また、過重労働抑止の観点で、従業員の就業状況を、ほぼリアルタイムで把握・監視する必要があることから、システムを活用した勤怠管理は必須と言える。

　この点、従業員を守るための監視であればいいが、テレワーク環境下での働き方について「本当にサボらずに仕事しているか」という観点で「PCログ」などを徹底的に記録・管理する動きも出てきているが、これが行き過ぎると従業員の自主性を尊重した柔軟な働き方実現を阻害しかねないため、注意を払う必要がある。

　それよりむしろ、「人的資本開示」の流れを活かして全く別のトレンド

を作っていくべきであろう。それは、「持続可能な働き方」を支援することにより、結果として「持続可能な組織作り」に寄与するような勤怠・労務管理の考え方と実際の仕組み作りである。

3）業界トレンド

　古くはタイムカードを用いた打刻管理のシステムを有していたベンダーが就業管理・勤怠管理のシステムを開発するなど、もともと国産ベンダーが「強み」を発揮してきた領域である。「強み」は、日本独特の労働慣習や法規制に完全対応していることである。この点は新規参入のベンダーについても同様のことが言え、グローバル系のベンダーにとっては極端なローカル対応が求められるため、苦戦を強いられるところである。

　従業員情報を取得できる「貴重な入口」と捉えられ、人事データ拡充の「肝」と目されている。収集したデータを他の人事データと掛け合わせて分析し、結果をダッシュボードに表示するという連携が注目されている。

　従業員がほぼ毎日、直接使用するフロントエンドシステムでもあるため、UI・UXの向上がカギを握る。これに関連して、「完全モバイル対応」していることが必須と言える。

　この点、今回の「コロナ禍」を受けてテレワークの導入が一気に広まったことにより、「申請・承認が自宅や外出先からも実施可能」「紙（の出力）や判子（クラウド上の署名押印で代替）も不要」というニーズが急激に高まった。「ワーケーション」にも対応することが求められ、時間単位で休暇取得の申請ができるような機能も必要になりそうだ。

　さらに、勤務形態の多様化（在宅勤務か、オフィス出社かなど）にも対応する必要があるとされるが、これに伴い、きめ細かい区分に従った、さまざまな手当の支給に対応するニーズも高まることが予想される。勤怠管理システムと給与管理システムとを連動させる必要性が、これまで以上に高まるだろう。

さらに、SDGs、ESG投資の流れを受けた「人的資本開示」の考え方に則って、欠勤した従業員の割合を、欠勤理由ごとに区別したうえで把握、可視化するなどの動きも加速しそうだ。

　業務上の負傷、事故、疾病、メンタル不調による欠勤について、その理由を含め、勤怠管理システムに情報登録するとともに集計、可視化することが求められる。そうすると、それらをリアルタイムに行うためのレポート機能、分析・ダッシュボード機能のみならず、例えば、メンタル不調になりそうな兆候をいち早く察知する「従業員コンディション管理機能」まで備わった勤怠管理システムを活用することも望まれる。

「人的資本開示」においては、多様性の実現も一大テーマであるが、「働き方の多様性」を支援したり促進させたりする工夫や理念が織り込まれたソリューションへのニーズが急速に高まるはずだ。

4）今後の方向性と本来あるべき使い方

　勤怠管理も労務管理もRPA（Robotic Process Automation：ソフトウェアロボットを使用して、これまで人間が行ってきた定型的な業務や事務作業、ビジネスプロセスを自動化する技術）の仕組みを用いた自動化と非常に親和性のある領域であることから、ユーザーからシステムの存在が意識されなくなる方向に進む可能性がある。

　また、AIが組み込まれたチャットシステムから、「残業し過ぎですよ」「昨日の退勤時間から本日の出勤時間まで、定められた間隔（インターバル）を空けていません」といったアラートが自動的に送信されるような仕組みが普及するであろう。

　勤怠管理に関しては、それに加えて、「働き方の多様性」を支援・促進させる仕組みとして、実際に働いた時間について、それぞれの時間帯にどのような仕事（タスク）を行っていたか、どのような場所（スペース）を活用してそれを行ったかを、きめ細かな工数管理の発想で手軽に記録できる

ことが求められる。その時の気分やモチベーションの状態なども記録できるとなおよく、まるで勤怠情報に「タグ付け」をするような気軽さが求められるだろう。そうなると、いい意味で「管理する（マネジメントする）」側主導の仕組みから、現場の従業員体験を向上させるための「エンプロイー・エクスペリエンス・プラットフォーム」へと進化できる。「工数管理」という呼び名や概念も、それに伴って進化させるべきだろう。

　労務管理に関しては、各種書類の作成業務に携わる「人手」がほぼ不要になる。この領域の人材を他領域にシフトすることが早急に求められる。

　さらに、さまざまなデータを重ね合わせたり掛け合わせたりするツールとして、分析ツール、ダッシュボードツールが、この領域でもさらに注目されるようになる。例えば、単に勤務時間だけを記録するのではなく、場所、内容、気分等々のデータを多層的に記録し、さらに従業員それぞれの担当職務内容や保有スキルの情報、性格特性情報なども掛け合わせることによって、各人にとって最適な働き方が見えてくるはずである。

　このような取り組みそのものが、まさに「持続可能な働き方」の支援や環境作りを行っていることに他ならず、そのようなソリューションを巧く活用しているということだけでも、投資家を始めとするさまざまなステークホルダーに効果的に対してメッセージを伝える、良質な「人的資本開示」となるだろう。

　以上のような方向性を踏まえ、本来あるべき使い方を次のように提言したい。

　まず、日常的に管理・記録している勤怠データに、「工数管理」の考え方の延長で、時間帯ごとにあらゆる意味を持たせるべく「タグ付け」を行う。その作業はマネジャーや人事・労務管理担当者ではなく、従業員本人が自ら行う。「タグ」の例は次のとおりである。

- 移動＆アイデア出し
  （単に移動だけをしていたわけではなく、例えば新幹線に乗って車窓を眺めながら次回セミナーのストーリーを思索）

- 休憩＆カフェ（という場所の情報）＆情報収集
  （単にコーヒーを飲んで休憩をしていたわけではなく、書籍や雑誌を読み漁って新製品のキャッチコピーに使えそうな表現を探す）

- ワーケーション＆温泉地の名前＆執筆＆捗り度合い（例えば、5点満点で4.7点などで評価）

　その後、例えば部門ごとに、所属メンバーの勤怠情報を分析にかける。「タグ」の種類ごとに合計時間数を計算するだけでも、部門ごとに「働き方」の特性や傾向を把握できる。例えば、

- A部門はB部門よりも、休憩時間を巧く利用してリフレッシュと創作を両立している。そのため、確かに新たなアイデアが続々と生まれている。

- C部門はD部門よりも移動にかけている時間は長いが「生産性」は高い。なぜなら、移動時間の使い方に工夫が見られ、マネジャー自らの工夫・実践がメンバーにまで巧く伝播しているからだ。

- E部門とF部門とではワーケーション制度の利用割合は同程度であるが、E部門のメンバーのほうが、その環境を巧く利用して仕事が捗っているようだ。

…など、その要因も深掘り分析してみると、部門ごとの任務と職責の性質の違い、あるいは、所属メンバーのパーソナリティ（性格特性）の傾向の違いにヒントがありそうだということがわかる。

　ちなみに、「タグ」という呼び方ではないが、非常に近い考え方で「ワークログ」という機能を提供しているのが「チームスピリット」だ。

（参考）**図3-2**（→187ページ）　https://www.teamspirit.com/worklog/

このような発想の転換により、勤怠データは勤怠状況を把握するための時間データでしかないという状態から、たちまち「働き方」の多様性を実現したり、多様な働き方を認め合う文化醸成に役立つデータへと生まれ変わる。生産性向上に向けた、さまざまな施策の試行にもつながるため、「人的資本開示」の貴重なデータともなる。

5）今後に向けての課題と、取るべきアクション

勤怠管理、労務管理はともに他領域から孤立しがちなシステムであるため、他領域のシステムとのシームレスな連携が重要である。

例えば、採用管理から入力された応募者情報が従業員情報となり、そのまま勤怠・労務管理システムへと連携される。勤怠・労務管理システム上のデータとパフォーマンス管理システム上のデータを合わせて生産性向上の要素を探る分析を行えるようにするということである。

わが国におけるこの領域の市場が頭打ちになった場合、機能の独自性ゆえに海外展開しにくいという課題もある。

さらに、法令や慣習にそつなく対応することが求められる領域であり、独自発想での新機能の付加が困難である。そのため、製品の魅力を高めるためには、UI・UXの向上以外に上述のような、他システムとのシームレスな連携が鍵になる。

今後は、ローカルな労働法制への対応が必要な部分ではなく、グローバルにも通用する、日本発の「多様な働き方」を支援・促進させるような機能の拡充に注力すべきである。

ちなみにこの領域においても、取得した従業員の勤怠・労務に関するデータを他の目的で使用する場合には「個人情報保護」の問題が生じる。

では、まず何から始めるべきか。

グローバルにも通用する日本発の「多様な働き方」ということにも直結するが、「従業員を管理する」という発想からの大転換を図り、「いかにして

従業員にとって働きやすく、持続可能な状態でパフォーマンスを発揮できるような環境作りをするか」という発想のもと、「時間に意味を持たせること」の重要性を説き、浸透させ、実践させる。実践すればするほど、自らの働き方を上長や組織全体にアピールすることにもつながる。

　このようなことを人事部門がリードし、意識変革を促していく。その時に、個人情報の取得と利用について完全なる同意を得る。それらのデータは「アピール」にこそなっても、不利な方向で利用されることはないと、完全に約束する。

　以上の下地が整ったら、早速時間に対する「タグ付け」を促す。それを行うのに最適な場が「1対1面談」であり、マネジャーがメンバーに対して促すとともに、自らも率先して行動に移し、さまざまにタグ付けされた勤怠データをお互いに披露し合ってコメントをし合うだけでも、相互理解につながり「多様性の受容」を非常にハードルが低いところから始められる。

　最適なパフォーマンスを追求するには、ワークスタイルは千差万別でよく、時間帯、場所、作業の内容、本人の負っている仕事（任務と職責）の特性、性格特性等々を組み合わせれば、むしろワークスタイルが画一的であっていいはずがないことにも容易に気付くだろう。

5．給与管理

1）サービスの定義

　給与管理システムは、勤怠管理システムや経費精算システムなどと連携して給与計算を行うシステムである。従業員の給与を算定し、支払処理、給与明細の作成などを自動で行う。

　正社員やパートタイマー、アルバイトといった多様な雇用形態に合わせて複数の給与計算ロジックの設定が可能で、複雑な計算式の設定にも

対応する。給与計算に必要な就業データについては、勤怠管理システム
から取り込む。出勤日数や欠勤日数、残業時間数が自動的に連携される。
月給に関する業務で必要な書類、台帳を管理する機能も備える。

　毎月の給与計算にとどまらず、賞与、社会保険、労働保険、年末調整、
税控除などにも対応し、「労務管理」の分野と重複する部分がある。

2）需要の背景

　給与計算に必要なデータがExcelで管理されている場合、人件費も時間
もかかるうえ、ミスを誘発し、管理者による業務状況の把握も難しくなる。
給与管理システムを導入することで入力作業も省力化され、システムによ
る正確な計算でミスの削減が期待できる。

　給与計算の工数を大幅に削減できるため、これまで忙しくて手が付けら
れなかった「本来的な人事業務」に集中して取り組むことができる。

　例えば、組織開発に関連する業務や、真の適材適所実現の前提となる
ジョブ定義、スキル定義といった作業が「本来的な人事業務」の典型例
と言える。

　さらに今後は、「人的資本開示」に向けての準備も、優先度高く行う必
要のある業務とされるだろう。このような、領域をまたがった人材のシフ
ト要請が強く、これが間接的に最先端の給与管理システムの需要を高め
ていると言えよう。

3）業界トレンド

　勤怠・労務管理と同様、もともと国産ベンダーが強みを発揮してきた領
域である。日本独特の給与計算業務の慣習や法規制に完全対応している
ことが強みで、新規参入のベンダーにも同様のことが言える。

　対して、グローバル系のベンダーにとっては極端なローカル対応が求め
られるため、苦戦を強いられる分野である。

直近5年の間に「クラウド型」に特化した給与管理システムのベンチャー企業が進出してきた。従来型の給与計算ソフトベンダーも、ここ数年でクラウド型のバージョンを次々投入してきている。

　この点、今回の「コロナ禍」を受けてテレワークが一気に広まったことで、「申請・承認が自宅や外出先からも可能」「紙（の出力）や判子（クラウド上の署名押印で代替）も不要」というニーズが急激に高まった。

　勤務形態の多様化（在宅勤務かオフィス出社か）に伴って、きめ細かい区分に従った、さまざまな手当の支給に対応するニーズも高まることが予想される。そこで、勤怠管理システムと給与管理システムを連動させる必要性がこれまで以上に高まるだろう。

　さらに、SDGs、ESG投資の流れを受けての「人的資本開示」の要請から、「組織内における最上級幹部全員の報酬合計額に対する、全従業員の平均給与額比率」を計算・可視化しようとする動きが加速しそうだ。

　また、投資家から最も注目されている指標の1つであると言われている「人的資本に関する資本投下率（Human Capital ROI）」を計算するにあたって、「人件費（報酬額と福利厚生費の合計）」と「売上高合計」「経費合計」が計算要素となるため、財務会計システムと給与計算システムとの連携、連動も重要なポイントとなるだろう。それらをリアルタイムに行うためのレポート機能、分析・ダッシュボード機能も併せて必要となる。

　同じ流れを受けて「労働力の多様性」の度合いを定量的に把握して可視化しようとする動きが加速する。実際に、「企業内容等の開示に関する内閣府令[*1]」などの改正が2023年1月に行われ、有価証券報告書に「非財務情報」として「サステナビリティ」という項目が新設されるとともに、「従業員の状況」の中の「多様性」に関する情報の1つとして「男女間賃金格差」の数値を記載することが義務付けられた。

[*1]「企業内容等の開示に関する内閣府令及び特定有価証券の内容等の開示に関する内閣府令の一部を改正する内閣府令」2023年1月31日

2023年3月期決算以降の有報（有価証券報告書）を発行する企業が開示
義務化の対象となるが、この「男女間賃金格差」の開示では賃金の実額
ではなく、男性の賃金水準に対する女性の比率を指標とすることになり、
全従業員、正規雇用、非正規雇用それぞれの区分で開示しなければならず、
ますます、給与計算システムのみならず、それらをリアルタイムに行うレ
ポート機能、分析・ダッシュボード機能も併せて必要となる。

4）今後の方向性

給与管理もRPA（Robotic Process Automation：ソフトウェアロボットを使用し
て、これまで人間が行ってきた定型的な業務や事務作業、ビジネスプロセスを自動化
する技術）を用いた自動化と非常に親和性のある領域であることから、ユー
ザーからはもちろん（これは従来から）、管理者からもシステムの存在が意識
されなくなる方向に進む可能性がある。給与計算業務に携わる「人手」は
ほぼ不要になり、この領域の人材を他の領域にシフトすることが早急に求
められる。さらに、さまざまなデータを重ね合わせたり掛け合わせたりす
るツールとして分析ツール、ダッシュボードツールが、この領域でもさら
に注目されるようになる。

5）今後に向けての課題

前述（→199ページ）のとおり、勤怠管理、労務管理は他領域のシステム
とのシームレスな連携が重要である。特に、経費精算システムとのシーム
レスな連携は絶対的に必要である。

- 採用管理から入力された応募者情報が従業員情報となり、そのまま給与管
  理システムへと連携される。
- 給与管理システム上のデータと、パフォーマンス管理システム上のデータを合
  わせて報酬水準の妥当性を探るための分析を行えるようにする。

- わが国におけるこの領域の市場が頭打ちになった場合、機能の独自性ゆえに海外展開しにくいという課題もある。

- 法令や慣習にそつなく対応することが求められる領域なので、独自発想での新機能の付加は困難であるため、製品の魅力を高めるには他システムとのシームレスな連携が鍵となる。

- この領域においても、取得した従業員の給与水準、報酬水準に関するデータを他の目的で使用する場合には「個人情報保護」の問題が生じる。

6．人事データ分析（ダッシュボード）

1）サービスの定義

　人事関連のデータを分析にかけて、例えば「どのような性格特性やスキルを保有する人材を、どのようなポジション（職務）に配置すると活躍する可能性が高いのか」「どのようなタイプの上司・部下の組み合わせならエンゲージメントが向上するのか」という具体的なテーマについてインサイト（気付き）を得て、その結果をグラフや表に表現するものである。

　人事部門の中の「データ分析担当者」のような専門家を活用する姿が望ましいとの見方もあるが、そもそも、専門家を人事部門内に配置することが難しかったり、一般の担当者レベルのメンバーが、自ら分析作業を行ったほうが幅広いインサイトを得ることができるとも言われている。

　相関関係分析などの簡単な分析機能や関数の処理機能を備え（分析機能）、結果をさまざまな形式の表やグラフでビジュアライズする機能（ダッシュボード機能）を併せ持つ。その他、帳票出力機能も兼ね備えているものもある。より広く、分析に適した形にデータを加工する機能や、さまざまなデータソースからデータを収集して、仮想的なデータベースに一元化する機能を持つ場合もある。

2）需要の背景

　人事領域に限らず、さまざまなビジネス領域で「業務アプリケーション」の導入が進められた主な目的は、業務プロセスの効率化、つまり「ベストプラクティス化」であった。

　日常業務、必須業務を効率的に回すことに主眼がおかれ、結果として溜め込まれたデータに価値が置かれることはほとんどなかった。それが次第にデータをグラフの形に表現して何らかのインサイト（気付き）を得たり、データを分析して、ある要素と別の要素との相関性を見たり、そこから因果関係の手がかりを得ようという動きが活発化した。財務会計分野やロジスティクス分野からその動きが始まり、人事領域はかなり遅れていた。

　だが、ここへきてようやく人事システムの活用を通じて取得されたデータも「宝の山」であるとの認識が急速に広まった。

　その背景には、人間の勘と経験に頼りきりの人事的決定、人事的判断に疑問を呈する動きが出てきたことがある。

　さらに、その背景には、ミレニアル世代、あるいはそれ以降の若い世代の台頭がある。彼らの価値観として、「すべての意思決定にはエビデンスが伴わなければならない」という考え方がある。物心ついた時から、何か疑問があれば人に聞いたり、アナログ文献にあたるより早く、ネット上で自ら検索し、調査することに慣れ親しんだ世代は、「なぜそうなった？」という疑問についてエビデンス（データ）を持って説明されなければ納得できないという傾向がある。

　あらゆる組織で過半数を超えようとしているこの世代に対する対策とも言えるが、従業員から納得感を持って受け入れられる人事となるには、すべてをデータで表現し、説明できる必要がある。そのための道具（ツール）が、まさに分析・ダッシュボードツールなのである。

　先般の「コロナ禍」を受けて、テレワークが一気に広まったことによって「埋もれた人材に光を当てる」というニーズも一気に高まったと言える。

つまり、対面で話す機会が激減したり、上司が部下の「仕事ぶり」を直接的に観察しづらくなったことから、「縁の下の力持ち」的な貢献をしているメンバーが、これまでよりもいっそう評価されなくなったり、個々人の強み・弱みも把握しにくくなって「適材適所」からは程遠く、ひどい場合には「忘れられた人」になる危険性も高まった。

　このような状況下ではなおさら「データ（エビデンス）による説明」の必要性と重要性が高くなると言える。

　SDGs、ESG投資の流れを受けての「人的資本開示」の考え方から、ありとあらゆる情報（人事領域に限らない）をリアルタイムに集計、把握、可視化していくことの必要性と重要性が、ますます高まっていくことは言うまでもない。

3）業界トレンド

　古くは1990年代にDWH（データウェアハウス）というものが出現したが、「高度な技能、知見を有する一部のパワーユーザーが高度な分析を行うためのもの」という性格が強かった。

　2000年代になってBI（ビジネスインテリジェンス）というものが出現した。大きな変化は、一部のパワーユーザーだけでなく、経営層や一般従業員が、自らの意思決定のために自らの手でデータを加工し、自由に表現し、インサイトを取得できるようになったことである。

　とは言え、「一部のパワーユーザー」とまで言わなくとも、まだまだある程度のデータサイエンスの素養がなければ本格的には使いこなせないツールばかりが目立った。

　現在は、さらに「セルフサービス」という特色を強めたツールが多く登場している。本当の意味で、外部の専門家に頼らずともノンプログラミングでダッシュボード画面を設計でき、データを適切に配置すれば意思決定やインサイト取得に有効な図表やグラフを作成できるというものである。

それ以外の昨今のトレンドとして、リアルタイム BI、業種・業務特化型 BI などがある。リアルタイム BI は、グラフなどで表現する元データの内容が更新されれば、即時にグラフも変化するという機能を備えたものである。

　業種特化の例として、在庫状況の把握をリアルタイムに行う機能が非常に強化された、小売業専用のダッシュボードを挙げることができる。

　業務特化型としては、人事系ダッシュボードなどと呼ばれる、人事業務に特化したダッシュボードの需要が急速に高まっている。

　この領域の代表的なソリューションとして、2019 年 9 月から日本でも営業を開始したパナリット・ジャパンの Panalyt が挙げられる。採用の歩留まりや所要日数をリアルタイムで把握することなどが可能な採用ダッシュボード、離職率と生産性の相関関係分析を行うダッシュボード、組織のダイバーシティ実現度合いを確認するダッシュボードなど、いくつかの人事戦略上有用な画面が予めテンプレート化されているのが特徴である。

　同様に、「企業内に散逸する勤怠／給与／人事評価など複数の人事関連データをもとにして統合データベースを構築し、それを可視化するサービス」として CHROFY も注目に値する。

（参考）CHROFY　https://www.chrofy.co.jp/

　また、別の観点でのトレンドであるが、BI ツールのベンダーの多くは外資系であり、かつ大手の外資系業務アプリケーションベンダーなどに買収されている。

　独立型で、かつ純国産の BI ツールベンダーで、なおかつ大規模な環境でも使用できる本格的な製品・ソリューションを有しているのは、ウイングアーク 1st のみであるが、特に人事領域や HR テクノロジー分野にフォーカスしているわけではないため、これらの領域に関する機能開発や有益な活用提案は 2023 年 12 月時点では不十分なように見える。

4）今後の方向性と本来あるべき使い方

　世界最先端のBI・ダッシュボードツールは、単に分析やデータの可視化を行うという使用目的にとどまらず、既存の人事系システムの機能を補完したり、システム全体の置き換えをしてしまうくらいのポテンシャルを持っている。

　どのようなシステムを導入したとしても、それが予め機能が盛り込まれたパッケージ製品である以上、多少使い勝手が悪い部分があったり、機能的に欠けている部分があっても、そこには目をつぶって使い続けるというのがこれまでの常識であった。

　ベンダーと交渉して機能追加を行ってもらうケースもあるが、時間的コスト、金銭的コストともにかさむことが多い。そもそも、クラウド製品の場合には「個別要件」に対応してくれる可能性は著しく低い。

　ベンダーが対応してくれないとなると、ユーザー自らが足りない機能の部分をスクラッチ開発するという選択もあるが、こちらも一般的には時間的コスト、金銭的コストがかかり過ぎて、安価に済ませようとクラウド製品を選択していた場合、まさに本末転倒となる。

　そこで、「第三の道」として昨今注目されているのが、BI・ダッシュボードツールの活用である。すべての製品がそうであるわけではないが、一部の製品は単なるデータのビジュアライズを行うだけではなく、新たな機能の開発や画面の追加をすることに代えて、以下のようなことを実現するためのツールとしても活用できる。

- 既存の画面では表示できないデータの組み合わせや表現方法を、ダッシュボードのカスタマイズによって実現

- 従業員のパフォーマンスや目標管理

- 従業員のエンゲージメントを向上させる賞賛・レコグニション、1対1面談支援、リアルタイムフィードバック、各種サーベイの実施

- 従業員同士のコミュニケーションを活性化させる共通ツール

- スキルの可視化、適職（ジョブ）、最適なラーニングメニューのレコメンド、キャリアビルディング、後継者計画

- 人材ポートフォリオやダイバーシティ状況の把握・分析

　以上のような目的でBI・ダッシュボードツールが活用されるケースが増えていくと思われるが、そうなると、既存の人事管理システムやタレントマネジメントシステムとの境界がますます曖昧になり、棲み分けも難しくなっていきそうだ。

　さらなるトレンドとして、単に過去や現在のデータを集計して「これまでと現在の状況はこうである」とグラフに表現するだけではなく、「このままいくと将来はこうなる」という予測分析、「それを防ぐためにはこうすべき」というアクションプランの提示といった機能までを備えたソリューションが主流となると言われている。この点については、「人的資本開示」で求められていることとも一致する。

　どのような指標についても現状の数値を開示するだけでは足りず、「その状態についてどう捉えているのか」「どう改善しようと考えているのか」「そのためにはどんな具体的アクションを取ろうとしているのか」についてナラティブな説明が求められる。

　目標を示して、そこに向けての進捗度合いを管理していく必要もある。いわゆる「モデリング」の要素が不可欠となるが、そのためにもBI・ダッシュボードツールの重要性は増すばかりである。

　以上のような方向性を踏まえ、本来あるべき使い方を次のように提言したい。

　まず、全従業員共通のポータルサイトのような役割を担うダッシュボード画面を設計する。そこでは、次の要素を一覧化できるようにしておく。

- やるべきこと（Things to Do）

- 知るべきこと（Things to Know）

- 自身の担当職務（Job）についての詳細情報（任務と職責の内容や、必要とされているスキルの情報）

- 自身の保有スキルの情報と、スキルギャップを埋めるために必要な「利用すべきラーニング」の情報

- 同僚や上司からのメールやメッセージの通知状況、連絡先・連絡手段の情報

　以上のような情報を起点として、真っ先に取るべきアクションを促し、その後は、例えば、カレンダーにアクセスするリンクをクリックしてスケジュールの詳細を確認したり、勤怠管理システムへのリンクをクリックして勤怠情報の入力がしやすくなるような工夫も施しておく。

　いずれにしても、それぞれの機能に対応した専用のシステムを使い分けずに、必要な情報のすべてを1つのダッシュボード上に（仮想的にでもよい）集約させることがポイントだ。

　もう1つのポイントとして、すべての機能は管理者のためではなく、従業員自身が仕事をしやすくすることに主眼をおいて設計され、配置されている点を挙げる。

　管理者の立場としては、すべてリアルタイムに、見たい形で見たいデータを見やすい表現（グラフなど）で確認できる。それはそのまま、人的資本開示においてレポートに掲載したいデータをリアルタイムに把握することにもつながる。

5）今後に向けての課題と、取るべきアクション

　「セルフサービス」という特徴を突き詰めてしまうと、専門家に依頼しなくても自分自身の手で分析できるというメリットと引き換えに、分析したければ各自別々にやらなければならない。データの加工や統合はハードル

の高い作業である。ETL（Extract・Transform・Load：抽出・変換・書き出し）に関しては、かなりの専門スキルが必要とされ、専門家が行ったとしても、データクレンジングには膨大な工数が発生する。

　そこで、そもそもほとんど加工が不要な形でデータの登録、取得ができることが望ましい。そのためには、「どのようなデータでも将来的には分析にかけるかもしれない」という発想でデータの持ち方を工夫したり、ユーザーに入力させるようにしなければならない。

　もちろん、ETLやデータクレンジングの機能も併せ持ったBIツールを活用できれば大幅に省力化できる。いずれにしてもこの時、「利用目的」についても将来を見越して可能な限り具体化したうえで、データ取得の段階で明確に示して「同意」を得ておくことが望ましい。

　また、BIツールの領域でよくあることだが、まずは導入することだけを決定し、具体的にどのような局面で使用すべきかがイメージできず、宝の持ち腐れで終わってしまうというケースが散見される。これを防ぐためには、CS（カスタマーサービス）が充実したベンダーを選定するとよいだろう。

　具体的にはCSM（カスタマーサクセスマネジャー）という専任者が置かれ、ツールの活用法や現場で生じている問題の解決策を、ユーザーに寄り添いながら提示、支援してくれるサービスである。

　ちなみに、この領域においても、取得した従業員の属性データ、その他人事上のさまざまなデータを他のデータと掛け合わせて分析にかけるなど、他の目的で使用する（当初の利用目的に変更がある場合も含む）場合には「個人情報保護」の問題が生じ、改めて従業員側から「同意」を得なければならない。

　では、まず何から始めるべきか。

　始めに行うべきは、従業員自らが、自らの意思で、自身の職歴情報や保有スキルの情報を入力するように促すことだ。

　その時、従業員に対して、入力すればするほど自分自身にとって具体的

なメリットを享受できることも説明するとよい。例えば、

- やるべきこと（Things to Do）

- 知るべきこと（Things to Know）

- 自身の保有スキル情報と、スキルギャップを埋めるために必要な「利用すべきラーニング」の情報

について、より精度の高い情報を得られるようになり、それを得られない場合に比べて、自らの将来のキャリア開発の可能性や、その幅の広さに格段の違いが出る可能性がわかるなどである。

　その後は、1対1面談の実施に当たり、必ずこのダッシュボード上に表示されている情報をベースに対話を進めることを習慣付けるような仕組み作り、組織風土の醸成を行い、1対1面談における上司からのアドバイスを即座に反映させ、自らのプロファイル情報（保有スキルなど）を更新していく。

　効果的な1対1面談を実施している者やチーム、あるいは、他者に感謝の気持ちを伝えるという活動を積極的に行っている者やチームについてはゲーミフィケーション的な工夫によってランキング上位にノミネートして具体的報酬を与えたりするのもよい。

第 **4** 章

今、求められる
HR施策の実践例

01 | わが国に溢れる ありがちな誤解

1. 「ジョブ・ディスクリプション」とは

「ジョブ・ディスクリプション（以下、JDとする）」に関して、ありがちな誤解の代表格は、「JDとは、タスクを記載するものだ」である。

　そのように捉えてしまうと、「個別タスクは日々変わるから、それを書くのは危険」という言説にもつながっていく。

　確かに、「JDは役割を終えた」という議論は一時期あったのかもしれないが、JDはHRテクノロジーの登場・進展の中で価値が見直された。

　少なくとも、真の適材適所の実現（ジョブマッチ）やパーソナライズされた従業員体験の提供を実現する際には不可欠な情報である。

「JDはタスクベースで」という考え方のままだと「難易度の高い仕事ほど内容は抽象的なのだから、具体的なタスクを書いても意味をなさない」という曲解にもつながっていく。しかし、よく考えてほしい。メンバークラスにも抽象的な仕事（タスク）はある。したがって、そもそもタスクベースで定義すべきではなく、スキル（知識、技術、技能）・コンピテンシー（行動特性）ベースで定義を行うべきだ。ちなみにこのスキル・コンピテンシーは、すべてにおいての「共通言語」「共通のモノサシ」となる。

　2023年3月9日に実施されたエールとＳＰ総研との共催セミナーにおいて、受講者から次のコメントをいただいた。このような捉え方こそが、人的資本経営時代には健全と言えるのではなかろうか。

- 個人の主観を大切にするスキルの見える化の手法である「セルフジョブ定義」の考え方・仕掛けによれば、誰でも自然に自分自身のことを言語化できる。

- スキルベースに自分を知り、それが一番発揮できる場所に身を置く、そのことが組織にとってもサステナブルないい会社であることにつながる。そのためにも、スキル・コンピテンシーベースでのジョブ定義は必要だ。

- 人（正確には、従業員が保有する広義のスキル）が競争優位の源泉だとしたら、ジョブ・ディスクリプションがその根幹となると感じた。

- 人がいさえすればいいのではない。知識・スキル・能力を可視化する＝「自己理解」から人的資本経営はスタートするということ。壮大な事業戦略の前に、個々人の特性や仕事への意味付けが大切であり、それを定期的に考える場を作ることが重要。そのベースになるのがジョブ定義。

- 1対1面談も回数を重ねるとついつい仕事の話になってしまう。意味・意義ある仕事やエンゲージメント向上につなげるための1対1面談に「セルフジョブ定義」の成果物としての「自分のスキルの見える化シート」の共有は有効だ。

- キャリアラダーの「上」に行くだけでなく、「横」にキャリアが広がるのはとてもよい。そのようなキャリアマップ作りのためにもジョブ定義は不可欠。

- 「スキル」という言葉を安易に、ゲームにあるような「スキル」、ISO30414で言われるような「力量」といったように「冷たい」捉え方をしていたが、実際にはもっとパーソナルで繊細なものであること、「セルフジョブ定義」のワークショップを通じた相互コミュニケーションが個人と組織の理解を深める重要な役割を果たすことに深く感心した。

- 現場主導でジョブ・ディスクリプションを作るということを通じて、人財が持つスキルや知識がより明確化されていく。

- ジョブ・ディスクリプションを作成することが自己理解につながり、他者から自分を理解してもらうことにも役に立つ。

- セルフジョブ定義シートを作るというプロセス、willとcanが整理されることで自己理解が深まる、自己理解が深まれば他者理解も進むという好循環が生まれ、広がりを感じられた。

- 「セルフジョブ定義」が個人、組織の現在地確認、ならびに強みの再発見につながる。

- 個人個人がジョブを定義することで自律的な個人が育ち、個人のサステナビリティが高まり、ひいてはサステナブルな企業活動につながるというストーリーは理解できた。

- 「セルフジョブ定義」を通じたスキルの見える化、個々の想いの見える化とそれをベースにした人事や面談は、職場の人間関係の円滑化、個々の納得のいくキャリアプランに対してもいい影響があるのでは。

- 業務上必要なスキルや能力を自分で書き出し、改めて可視化することは自分発見だけでなく、働く意味がわかるのでエンゲージメントが高まると感じた。

- ジョブ・ディスクリプションは会社側からの要求ベースだけでなく、自身の認識するWillを伴った内容にすることで、自分の業務の振り返りや今後必要なスキルについて自らも考えるようになる。

2.「ジョブ型」における異動・配置のあり方

ジョブ型のもとでは、「本人の同意がない限り、配置転換はできない（だから、そういった仕組みはよろしくない）」という誤解も多い。基本的に、この点については、むしろそうあるべきと私は考える。

「キャリアオーナーシップ」はメンバー側に持たせるべきだ。もちろん、組織戦略上、例外もあり得るわけで、基本的には企業側とできるだけ対等な立場で建設的な話し合いが行えるような体制作りが望まれる。

配置転換される側／する側双方の対話が必要だ。「なぜこのポストに異動する必要があるのか」「会社としての目的や意義、本人にとっての価値は何か」。この辺りを徹底的に話し合い、会社への信頼感を抱くことができなければ、従業員本人の納得感を持った配置が進められない。配置転換にも従業員個人の同意が必要になってくることから、人事やマネジャーに

求められるスキルもますます高度になり、保有すべきスキルのバリエーションが求められそうだ。

　いずれにせよ、若手層はこれを望んでいる。特にミレニアル以降の世代にはデータで根拠を示すことも必要だ。

3.「ジョブ型」における会社と従業員の関係性

「ジョブ型」になると「人はある会社に入ったのではなくて、あるポジションで会社につながっているだけ」という冷たいイメージで捉える人も多い。「だけ」と書くとネガティブなイメージになるが、実はここが「主体的なキャリア形成」という観点から重要なポイントになろう。「就社ではなく就職」というものだ。

「キャリア自律」と相性がいいのは間違いなく「ジョブ型」だ。しかしながら、ジョブ型の制度下でも「誰と働くか」は大切だ。

　外資系IT企業の多くには、従業員の親や家族を呼ぶ日（Family Dayという仕組み）がある。それ以外にも、社員運動会、ファミリーパーティー、ファミリーBBQ、ハロウィンなどにより、この会社で働いていることのバリューやプライドを家族にまで感じてもらう機会を作っている。

　外資系企業（特にアメリカ）の課題として、「この会社を好きだから辞めないという状況をどう作るか」があると言える。

　この点、まずジョブとつながっていて、そこにプロ意識もあり、独立心もあり、そのうえで会社組織に対する愛社精神や忠誠心を持つという順序であれば健全だ。

　しかしこれとは逆に、まず組織に対する忠誠があって「個」を捨て、組織の言いなりになるというのは幸せでないし「持続可能な働き方（Sustainable Performance）の実現」という観点から見るとリスクもはらむ。

　では、健全な忠誠心はどのように醸成していくべきか。思うに、転職な

どの機会を通じて、自身の職務経歴書を見直したことのある人は、企業との「間合い」が取れているのではないだろうか。

他方、新卒で入社してからずっと同じ会社に所属し続けているという状態だと、会社との距離を取りづらくなるのではないか。

学生時代に本格的なインターンシップを経験して、大いに活用すべきだ。そこでは正社員と同じような仕事を経験でき、会社と個人の間合いも形成されるはずだ。

4. 「人事権」と「キャリア」のあり方

「ジョブ型」になると人事は「人事権」を失うことになり、企業は従業員個々の成長段階に応じて、きめ細かく育成することが難しくなる。そのため、従業員は自分でこの先のキャリアを考えていかなければいけないというイメージを持つ人も多いようだ。

しかしよくよく考えれば、従業員自身が自分のキャリアを自分で考えていくのは決して悪いことではないし、従業員の考えや希望を尊重して、成長に応じて育てることを、ジョブ型になったからと言って、企業側はできなくなるのだろうか。それをサポートするのも企業側の責務であろう。

その責務を全うするための人事権は、ジョブ型のもとでも必要なのではないか。

そもそも「ジョブ型になると人事権がなくなる」というのは本当だろうか。少なくとも、人事部（本部人事）から各現場（部門人事、HRBP）に人事権が移行されるのではないか。

ジョブ型になると企業が何とかしてくれるわけではないので、将来の自分のキャリアを自分で考えなければならなくなるということは、むしろそれが「ジョブ型」のメリットではないだろうか。

もし、特定の人材を育成するため特定のポジションへ異動させたくても、

本人と現任者双方の同意を得る必要が出てくるが、現実には非常に困難だ。したがって、人材育成を目的とした異動はジョブ型のもとでは難しいとする向きもあるようだ。

　しかし、このような局面こそ、HRテクノロジーの出番だ。データの力で人に納得感を与えることができる。飛躍的に「同意」も取りやすくなるのではないか。

　性格特性、職業適性、求められるスキル・コンピテンシー、経験などのデータを拠りどころとしてマッチ率を出すことができれば、「別のジョブ（ポジション）に異動すれば、マッチ率が今現在よりも高まる」ということを可視化して議論しやすくなるかもしれない。

　すなわち、「同意」を取りやすくすることにHRテクノロジーが寄与し、従業員側から見れば、これまで身に付けることが困難であると思いこんでいたスキルを獲得するチャンスも広がるのではないだろうか。

　データでキャリアの可能性や選択肢を考えることについて、Amazonの書籍やNetflixの映画のレコメンドのように、選択肢が示されると価値観や好奇心が刺激され、セレンディピティをもたらしてくれるようなキャリアの可能性も示せるようになるはずだ。

　実際に、ラーニングマネジメントシステム（LMS）におけるラーニングメニューのレコメンドは、まさにAmazonやNetflixと同じ仕組みで動いている。ラーニング促進をAIがサポートするのだ。本人も気付かなかったことを、根拠を持ってAIが提示してくれる。

　ラーニングメニューのみならず、新たなポジションとの出会いという効果もある。過去の情報（ポジション・仕事）をもとに、これまであなたの仕事をやっていた人は（次のキャリアとして）何割ぐらいがこのジョブに異動した、あるいはプロモーションした…といった情報を提示してくれるようなHRテクノロジーは既に存在する。スキルギャップを可視化して、それ

を埋めるためのトレーニングを示してくれたり、メンターをやってくれる人の候補者を示すところまで行ってくれる。

　ただし、そのようなテクノロジーを活用するためには、社内でジョブ定義を徹底して行われていることが前提となる。

5. ジョブ・ローテーションと適材適所の実現

　人事異動のうち、ほとんどは「昇格」ではなく「ヨコへの異動」である。すなわち、同じような職種の人を横にスライドさせてポジションを充足するというケースがほとんどだということもよく言われる。ただ、これは別にネガティブなこととは思えない。

「ヨコ異動」は「Lateral Assign」「Lateral Promotion」としてHRテクノロジー領域でも注目されており、これをいかに巧く、データの力で科学的に行えるかが、真の意味で人材流動性を高めることにつながり、その結果、優秀人材（特に若手層）のリテンションに役立つと言われている。

　ISO30414でも「内部異動率」という項目（Metric）があり、これは「垂直方向の異動」と「水平方向の異動（ヨコ異動）」の比率を算出せよというものであるが、暗に「水平方向の異動の比率を高めよ」とのメッセージが込められていると受け取るべきだ。

　通常、人事異動と言えば「ヨコ異動」なのだが、キーポジションに空きが出た場合、例外的に「タテ異動」、つまり、「昇格させたうえで抜擢」を続けていくと、空席ポジションは組織の末端部分に集中していく。

　このような末端のポジションであれば、ある程度ポテンシャルが高く、組織文化に適合しやすい、素直で吸収力も高い若手人材を採用・登用することで、容易に充足できるということもよく言われる。

　いわゆる「（日本型の）ジョブローテーション」を柔軟に行うために、「玉突き人事」は1つの工夫だった。一番初歩的な、誰がやってもいい仕事を

新卒入社の従業員に担わせる仕組みである。しかしながら、このやり方について、末端の若手人材はさておき、中堅どころの従業員達に納得感はあるのだろうか。

「従業員体験」や「エンゲージメントの向上」には、やはり科学的手法の導入が必要になってくるだろう。これを実現する具体的なソリューションは実際に存在する。ジョブの定義があり、従業員側からスキル・コンピテンシーの情報が収集できていれば、テクノロジーの活用によって実現可能なのである。

　ここでも、ジョブ型に関して大いなる誤解があるように思われる。典型的な例が、――「ジョブ型では、そもそもポストの数に制限がある。そのポジションに就けなかった人材は『余った人』という扱いになって、基本的には解雇される。また、ひとたび人材が足りなくなれば、そのポストの要件に見合う人材を外部から採用してくる。このようなドライな人材管理は、日本企業には合わない」――というものである。

「人材の将来よりも、ポストをいかにして埋めるかということにフォーカスする。ジョブ型とはそのようなドライで冷たいものだ」と言いたいのだろうが、果たしてその解釈は正しいのだろうか。

　これからは、「**強引な手法ではなく、データやテクノロジーを駆使して、科学的なやり方に変えていかなければならない**」という時代の要請も忘れてはならない。これこそが人的資本経営時代において尊重されるべき考え方でもある。別の見方をすれば、「人よりもポストやジョブしか見ていない」ことが、逆説的に人を大事にすることにつながるのではないかとすら感じる。なぜならそのほうが、ただ漫然と「人が大事」というよりも、「**人の持つスキルが大事**」ということになり、スキルベースでの育成が促進されそうだからだ。奇しくも、2023年10月にラスベガスで開催された HR Technology Conference & Expo においては「ジョブ中心から人（が持つスキル）中心へ」というメッセージが出された。

人材戦略が企業戦略上の設計に基づいたものであれば、まず初めに人を育成しておくべき方向性を考えるはずであり、人に対して正しい育成の方法を科学的に示すことになるのではないか。逆に、「まず人ありき」というのは、無責任なマネジメントスタイルなのではないだろうか。

　「スキルエコノミー」「スキル中心の世界」が叫ばれる昨今、「まず人ありき」ではないことは確かだが、初めに戦略的にポジション（≒ジョブ）が定義され、その構成要素としてスキル・コンピテンシーも割り当てられる。

　それに対して人材のアサインを具体的に考えることにより、**いったいどのようなスキル・コンピテンシーを持っているべきなのか**（持っていなければ、新たに身に付けるべきは何か）」がより明確になるため、「まず人ありき」と無責任に言ってのけるよりも、結果としては、はるかに人に優しい（人材育成を真剣に考えた）姿が実現される。

　　――「人材を無理なく育てていくためには、徐々に難易度の高い仕事を任せていく形が好ましいが、ジョブ型のもとではそのやり方は難しい。なぜなら、同じポストに就いている者同士の中で、特定の人材にだけ難易度の高くない仕事をアサインすることができない」――という誤解についても、いくらでも工夫の余地があるだろう。

　「ジョブ型においては、ポストが仕事を決める」という考えを杓子定規に適用せず、同じポストの範囲内でも「タスク」の単位で「ストレッチアサイン」をきめ細かくやっていくという方法はどうだろうか。

6.「ジョブ型」における報酬額の水準

　ジョブ型において、「ポストで報酬額の水準が決まっているため、いくらスキルアップをしても報酬水準は上がらない」という問題はどうにかしなければならない。スキルを身に付けるほど（ただし、企業側が求めるものを優先的に）、それが報われる仕組みにしなければならない。

そこで、企業の中で「自発的にいろいろなスキルを持ちたい」と思える制度、例えば「バッジ制度」などを採り入れ、会社の中でホットな（重要視されている）スキルを目に見える形で示せるとよい。

他方、給与（報酬）については、基本的にネゴシエーションの世界のはずであり、職務内容（やっていること、できること）と報酬をリンクさせることに、そもそもの問題がある。

実際にはプロフェッショナル人材の報酬と仕事（内容）はリンクしていないし、「同一労働同一賃金」というのは、レイバー（労働者）の世界の発想ではなかろうか。

例えば、食の世界の職人について、寿司を握ることしかできない寡黙な寿司職人と、寿司を握れたうえでカウンター越しの客とのコミュニケーションの取り方にも定評のある寿司職人とでは、どちらの報酬を高く設定すべきか。これも結局は、雇用主との交渉次第のはずだ。所属組織の将来のビジネス戦略とも巧く絡めて、その人の交渉能力が報酬水準を決めると言ってもいい。

7.「ジョブ型」における若手人材の育成

若手人材の育成については、「最初の10年間くらいは、従来のメンバーシップ型のほうがいい」という意見もよく聞かれる。

私は、30代半ば、つまり10年経ってからジョブ型の制度に乗せていくのでは、少しタイムスパンが長い気がする。入社後半年から1年程度かけて「新卒研修」を実施していくことにより、性格特性や職業適性がある程度見えてくるはずである。

それ以外にも行動観察によるコンピテンシーデータの取得により、新卒入社後、最初の配属も科学的に行えるのではないか。それ以降も、ジョブ型人材育成の考えのもとで科学的なプランに乗せてあげるべきだ。

日本の終身雇用制度は既に崩壊して「幻想」となっている現実を踏まえると、入社後10年経ってからジョブ型人事に乗せる、つまり、30代半ばの人にいきなり「明日からジョブ型です」というのは、逆に酷なのではないかとの意見もありそうだ。

「尖った人材」はその10年を待ちきれず、愛想をつかして辞めてしまうのではないかという懸念もある。

　また、「若いうちは目の前にある仕事を愚直に、一生懸命頑張ってこなしていくほうがいい。あれこれ目移りすべきではない」という意見もよく聞かれる。しかし、これはいささか根性論に聞こえるし、ミレニアル世代以降の人材の価値観とは相容れないのではないか。

　最初の仕事がどうしても自分に合っていないものであっても、我慢し続けるべきなのだろうか。やはり、入社時点や新卒研修の中で、ある程度の適性は見ておくべきではないか。

8.「ジョブ型」検討のスタンス

　昨今、わが国で「ジョブ型」を議論する時に完全に欠落しているのが、**「何のためにジョブ型を導入するのか」**という議論だ。

- 人と仕事のマッチング（適材適所）の精度を高めるためには、人が保有するスキルの可視化と仕事の定義（ジョブ定義）が不可欠で、そのためにはジョブ型が適しているかもしれない。
- 固定費化する正社員の人件費を変動費化するにはジョブ型が適しているかもしれない。
- 従業員の自律的成長を促すならジョブ型が適しているかもしれない。

といった議論のうえでジョブ型を正しく理解して、自社に合うように工夫して柔軟に取り入れていけばいいはずだ。しかしながら多くの場合、

- ジョブ型は日本に馴染むのか。

- 今までの日本型雇用のほうが優れている点があるのではないか。

といったものに終始しているように思える。

　日本型雇用に優れた点があるのはもちろんであるが、人口増のタイミングと高度成長期が重なるという幸運に恵まれたわが国だからこそ実現できた特殊な雇用方式であるとも言える。

　人は現状を変えたくないものであるが、たとえ日本型雇用にメリットがあった（少なくともこれまでは）としても、今後はそれをずっと続けられないという仮定（前提）に立って、ジョブ型を議論すべきだ。

　ここでも、2023年10月にラスベガスで開催されたHR Technology Conference & Expo において「ジョブ中心から人（が持つスキル）中心へ」というメッセージが出されたことを受け、ジョブ型ではなく、「スキルベースの組織作りを進めていくべきだ」という議論が活性化されることが予想される。

　しかしながら、このような考え方が生まれたのは「ジョブ型」という状態を経てきた国や地域においてであり、ジョブ定義の整備が進んでいない中で、一足飛びに「スキル中心」であったり「スキルベースの組織」というのは非現実的なものに思える。

02 | 本来のキャリアの あるべき姿

　ＳＰ総研では、「ジョブ」そのもの、あるいは「ジョブ定義」という行為を「自分ごと化」するための、「セルフジョブ定義」（→139ページ）という取り組みを推奨している。ワークショップの中では、参加者に対してさまざまなことをヒアリングするのだが、「あなたの任務と職責（Role & Responsibility）は何ですか？」という質問項目がある。

　ここでは、例えば「○○部で経理の仕事をしています。自分はそこの課長です」であるとか、「○○事業部で、○○に使用する半導体の設計業務に携わっています」といった内容が典型的な回答として返ってくる。

　これならまだいいほうで、「毎日、○○関連の資料を整理して、退社時に上司に報告書を上げています」といった回答も時にはある。

　ここからがファシリテータ役の腕の見せどころであるが、後者のような解答に対しては、「それはタスク、あるいはTo-Doリストを述べただけですよね？ そうではなく、もっと大きな視点であなたの役割を捉えてみてください」とアドバイスする。

　前者のような回答に対しては、「いやいや、それはあなたの名刺に書いてあるジョブタイトルを見ればすぐにわかりますよ。そうではなく…」と続けて、ある方向にリードしていく。

　どのような方向にリードしていくべきであろうか。

　加島禎二『森を見ずに木を見なさい 仕事を面白くするビジネスの原理とキャリアの開発法[*1]』（2022年）には次のようなエピソードが紹介されている。

　有名なNASA（アメリカ航空宇宙局）のエピソードとして、アメリカ大統

226

領が施設見学の際に清掃員に「あなたの仕事は何ですか？」と尋ねたところ、その清掃員は「私は月に人類を送り込む手助けをしています」と答えたというものである。これについて著者の加島氏は、「自分の仕事の目的を意識しているからこそ、『月に人類を送り込む手助けをしている』と答えることができた」と解説している。

当社の「セルフジョブ定義」のサービスの中でも、「会社から言われていること、指示されていることを受身の姿勢で答えるのではなく、ましてや『タスク一覧』のようなミクロな視点ではなく、「**あなた自身としてはどのような大きな役割を担っていると自負しているのか**」という観点で答えてください」とリードしている。

「自分の仕事は、誰の、何の役に立っているのか？ これを考えることが、仕事を面白くする第一歩です[*1]」というのは、まさにそのとおりである。

それに加えて、「自分のためには、どのような役に立っているのか」と考えてみることも重要である。これこそ前述の、「Meaningful Work」という要素が、最も従業員体験に影響を与えるということにも通じる。

自分にとっての意義を考え、それが組織にとっても、社会にとっても、意義あるものと感じられる時、「持続可能な働き方（Sustainable Performance）」の状態に最も近付けるのである。

実は、加島禎二氏（セルム代表取締役社長）には、弊社の「セルフジョブ定義サービス」を体験いただいたことがある。同氏はその時の感想を、セルム社の機関誌「CELM BELIEF」のvol.32（2022年6月）において次のように述べている。

──私は最近、自分のスキルの見える化にトライしてみました。特定の状況や環境の中で発揮された経験として捉えるのではなく、世界中の企業が採用の募集要項で使用している、汎用的なスキルの言葉で捉え直してみたのです。そして私の役割と責任とに照らして、どのスキルがより重要であるか、もっと開発が必要なスキルは何かといったことを専門家に指南を受けました。これは私が人的

資本として、どのようにすれば価値を高めていけるかという1つの指針になりました。一人ひとりの人材が、市場価値ベースで自分の力量を定義できないと、自分をもっと成長させなければという気持ちが生まれにくいと思います。──

出典：セルム社機関誌「CELM BELIEF」のvol.32, 2022年6月発行
https://www.celm.co.jp/wordpress/wp-content/uploads/2022/06/CELM_BELIEF_vol32.pdf

　現状（現有）のスキルを可視化することで「どうすれば（自身の『人的資本』としての）価値を高めていけるか」を具体的にイメージできるようになる。

　すると、「自分をもっと成長させなければという気持ち」がよりいっそう強まることにもなり、自発的・自律的なキャリア開発が促進され、結果的に企業全体の組織能力の強化につながり、組織としての余力が出てくる。

　そうなることによって、組織の内部に、よりチャレンジングなポジションやジョブが登場することになり、従業員にとってキャリアの広がりも出てくるという、完全なる正のスパイラルが生み出される典型パターンと言えるわけである。

03 | 人事部門がリードして 企業として取り組むべき 具体的事項

1. 動的人材ポートフォリオの実現・後継者計画・ ダイバーシティ＆インクルージョンの促進

　経営戦略なり事業戦略を掲げた時、それを前に進めていくのは、つまるところ「人（従業員）」であるから、どのような要件を兼ね備えた人材を獲得、育成するかを定義しなければならない。

　さらに、持続可能な組織運営を行うためには、ビジネス環境の変化に応じて、経営戦略・事業戦略が柔軟に変更され、それに従うように人材要件定義も柔軟に変更されなければならない。

　持続可能な組織運営という意味においてはもう1つ、今現在キーポジションを担当している人が、何らかの理由でいなくなってしまったらどうするかということもリアリティーを持って考えておかねばならない。すなわち、後継者計画をしっかりとやっておく必要がある。

　後継者計画というのも、結局は人材要件定義をしっかりやったうえで、それに従って次の候補者をリストアップし、要件に満たなければ、その次の候補者を選び、スキルギャップを埋めるような人材育成プログラムの対象にしていくことに他ならない。

　これらを実施することで、自然と動的な人材ポートフォリオという状態

が実現されることになる。別の見方をすれば、人材の流動性を高めることにもつながる。後継者の育成は、リーダーシップの育成と、ほとんど同じである。

これらの育成や採用はすべて、スキル・コンピテンシーをベースとして表現された人材要件定義（ジョブ定義）を基準として行われる。したがって、育成もスキルベースの育成、採用もスキルに着目した採用となり「目標人数をとにかく採用する」というスタイルとは全く別物だ。

さらに、スキルにフォーカスして育成、採用、登用をしていけば、性別や年齢といったような、もともとバイアスがかかりやすい属性面でのダイバーシティではなく、コグニティブな面でのダイバーシティ（→68ページ）も促進される。

このような育成や採用を行っている組織においては、リテンション（人材維持）をしやすくなる。

さらに、真の意味での適材適所も実現されやすくなるため、「自分にとって、世の中にとって、意義のある仕事をやれている（Meaningful Work）」ということを感じられる従業員が多数派となり、従業員体験も非常にいい状態になる。そうすると、自然と従業員エンゲージメントのスコアも向上する。

ここで、お気付きだろうか。図4-1の「価値向上」の観点の開示項目とされる、左端から8つ目まで（「リーダーシップ」から「ダイバーシティ」まで）を、すべて網羅するような具体的施策が実行できていることになる。

その施策の内容を巧くまとめて（ナラティブな表現で）開示すれば、投資家を始めとするステークホルダーに対しても効果的にアピールできるという意味で、理想的な人的資本開示となる。

図4-1 開示事項の階層（イメージ）

開示事項の階層（イメージ）

開示事項の例																	
育成			エンゲージメント	流動性			ダイバーシティ			健康・安全			労働慣行					コンプライアンス/倫理
リーダーシップ	育成	スキル/経験		採用	維持	サクセション	ダイバーシティ	非差別	育児休業	精神的健康	身体的健康	安全	労働慣行	児童労働/強制労働	賃金の公正性	福利厚生	組合との関係	

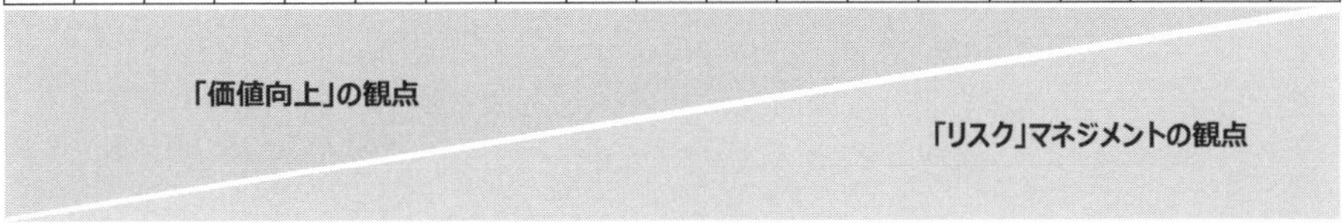

「価値向上」の観点

「リスク」マネジメントの観点

出典：内閣官房 新しい資本主義実現本部事務局「人的資本可視化指針」（令和4年7月）p.28
https://www.cas.go.jp/jp/houdou/pdf/20220830shiryou1.pdf

2.高度な1対1面談によるキャリア支援、リーダーシップ開発で真のウェルビーイングを追求

　「何から手をつけるべきか？」とやることに迷ったら、まずは「1対1面談」の場を活かすことから考えよう。

　「1対1面談」をただやればいいというわけではなく、対話内容を高度化する必要がある。

　具体的には、個人起点のキャリアデザイン、中長期的視点での育成に向けた「気付き」を与える場となるような対話だ。

　「個人起点」とは、上司ではなく「メンバー」が主役で、そのメンバーの想いや持っている強みに寄り添うということである。

　そのためには、メンバーについての「キャリアに関する取説」や「キャリアのカルテ」のようなものをベースにした対話を進められることが望ましい。

　「セルフジョブ定義」の手法によってメンバーが自ら作成した「私のジョブ定義書」がこれに該当する。

図4-2　3要素のバランスが取れたスキル＆ジョブ定義

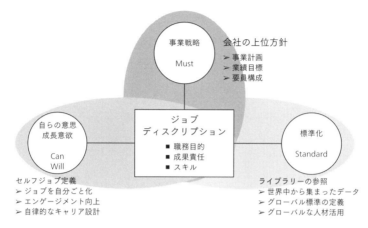

事業戦略
Must
会社の上位方針
➢ 事業計画
➢ 業績目標
➢ 要員構成
ジョブ
ディスクリプション
■ 職務目的
■ 成果責任
■ スキル
自らの意思
成長意欲
Can
Will
セルフジョブ定義
➢ ジョブを自分ごと化
➢ エンゲージメント向上
➢ 自律的なキャリア設計
標準化
Standard
ライブラリーの参照
➢ 世界中から集まったデータ
➢ グローバル標準の定義
➢ グローバルな人材活用

出典：著者独自・SP総研による

図4-3　ステップ1　スキルとジョブの棚卸しの例（イメージ）

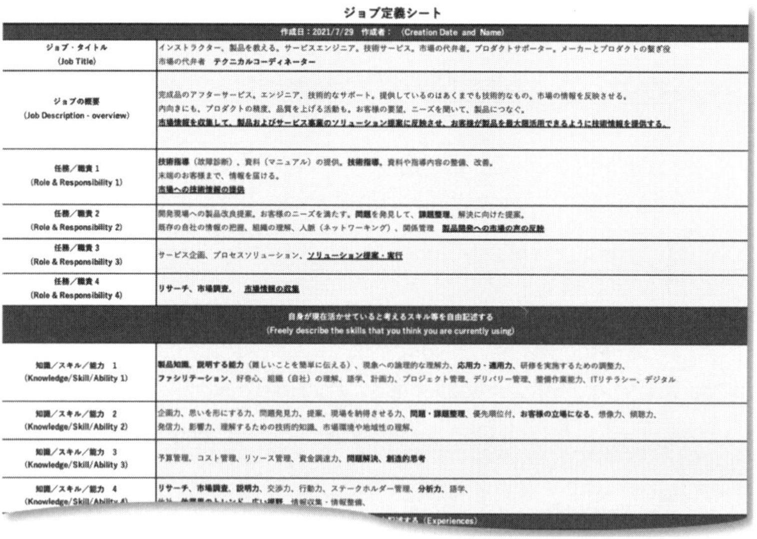

ジョブ定義シート

作成日：2021/7/29　作成者：（Creation Date and Name）	
ジョブ・タイトル (Job Title)	インストラクター、製品を教える。サービスエンジニア。技術サービス。市場の代弁者。プロダクトサポーター。メーカーとプロダクトの繋ぎ役 市場の代弁者　**テクニカルコーディネーター**
ジョブの概要 (Job Description - overview)	完成品のアフターサービス。エンジニア、技術的なサポート。提供しているのはあくまでも技術的なもの。市場の情報を反映させる。 内向きにも、プロダクトの精度、品質を上げる活動も。お客様の要望、ニーズを聞いて、製品につなぐ。 **市場情報を収集して、製品およびサービス事業のソリューション提案に反映させ、お客様が製品を最大限活用できるように技術情報を提供する。**
任務／職責 1 (Role & Responsibility 1)	**技術指導**（故障診断）、資料（マニュアル）の提供。**技術指導**。資料や指導内容の整備、改善。 末端のお客様まで、情報を届ける。 **市場への技術情報の提供**
任務／職責 2 (Role & Responsibility 2)	開発現場への製品改良提案。お客様のニーズを満たす。**問題**を発見して、**課題整理**、解決に向けた提案。 既存の自社の情報の把握、組織の理解、人脈（ネットワーキング）、関係管理　**製品開発への市場の声の反映**
任務／職責 3 (Role & Responsibility 3)	サービス企画、プロセスソリューション、**ソリューション提案・実行**
任務／職責 4 (Role & Responsibility 4)	**リサーチ、市場調査**、　**市場情報の収集**
自身が現在活かせていると考えるスキル等を自由記述する (Freely describe the skills that you think you are currently using)	
知識／スキル／能力　1 (Knowledge/Skill/Ability 1)	**製品知識**、**説明する能力**（難しいことを簡単に伝える）、現象への論理的な理解力、**応用力・適用力**、研修を実施するための調整力、 **ファシリテーション**、好奇心、組織（自社）の理解、語学、計画力、プロジェクト管理、デリバリー管理、整備作業能力、ITリテラシー、デジタル
知識／スキル／能力　2 (Knowledge/Skill/Ability 2)	企画力、思いを形にする力、問題発見力、提案、現場を納得させる力、**問題・課題整理**、優先順位付、**お客様の立場になる**、想像力、傾聴力、 発信力、影響力、理解するための技術的知識、市場環境や地域性の理解、
知識／スキル／能力　3 (Knowledge/Skill/Ability 3)	予算管理、コスト管理、リソース管理、資金調達力、**問題解決**、**創造的思考**
知識／スキル／能力　4 (Knowledge/Skill/Ability 4)	**リサーチ**、**市場調査**、**説明力**、交渉力、行動力、ステークホルダー管理、**分析力**、語学、 [illegible] 広い視野、情報収集・情報整備、
[illegible]する（Experiences）	

まずは自身の言葉で、担当している任務・役割の説明、任務遂行に役立っていると自覚している保有スキルの洗い出しを行っていただきます。

出典：著者独自・SP総研による

図4-4　ステップ2　ジョブ定義シートの最終化の例（イメージ）

		現状の習熟度 (Proficiency Level) 1～4を記入	自己認識 (Self-Awareness) －得意/不得意/好き /嫌いなど	重点的に 伸ばしたい項目 (Priority Item) ○○をいくつか記入	
スキル・コンピテンシーリスト (Skills and Competencies)					
Skill / Competency Name (English)	スキル・コンピテンシー名 (日本語)				詳 (Descri
Developing People	人材開発	3		○	自組織 の人材育成計画と人材開発の方針、考 個人および組織の効果を向上させるために、 な人材育成の計画および人材開発を行う能力
Product Details	製品の詳細	3		○	主要な製品および製品グループに関する詳細 に適切に応用できる。
Explaining Basic Concepts	基本的概念の知識	3		○	明確に理解させる手法に関する知識がある。

スキル・コンピテンシーの数を20個前後まで絞り込み、「重み付け」も行います。
そのうえで、「任務・役割」の表現や「ジョブの説明」「ジョブタイトル」の表現も整えて最終化します。

出典：著者独自・SP総研による

　SP総研が支援している数々の企業の中から、グローバル系農機メーカーのK社の事例を紹介する。K社では、人事労務担当者向けにいわゆる「階層別（経験年数やジョブグレードごと）」の研修が定期的に行われてきたが、内容が前例踏襲型で、狙いや目的の不明確さが問題とされつつあった。

　今後に向けて、より効果的な研修プログラムを開発・実施していくためにも、まずは「あるべき人材像を定義していこう」ということになった。

　特に経験年数3年から5年程度の「中級」と言われるメンバーを対象として、「あるべき人材像」を自らの手で定義してみることになった。また、「あるべき」と「現状」との開きを、「スキルギャップ」として把握することも目的とされた。

　SP総研の「セルフジョブ定義」の手法を用いて、6名で1グループを構成、合計5グループ、総勢30名が対象となった。すべて自主的に応募してきた人達であり、定員オーバーで何名かは参加をお断りせざるを得ないほどであった。まず、1グループ単位で全5時間をかけ、それぞれのグループ共通の「セルフジョブ定義書」を作成してもらった。

　本社以外にも工場や製造所、その他、日本全国の拠点からの参加があったため、ワークショップはすべてオンライン（Zoom）で実施された。

その後、本社で一堂に会し、終日かけてグループ共通のジョブ定義書を作成した。つまり、グループごとに作成された5つのジョブ定義書の中から共通項や相違点を洗い出し、共通項はなるべく集約させた。

　他方、グループごとの相違点の中から、いいと思われるところは取り入れて、研修参加者全員で「たった1つの究極のジョブ定義書」を完成させるというワークショップを実施した。

　これを通じて、細かな任務や役割からすれば、かなりバリエーション豊富な参加メンバー同士が、究極的には「同じ会社グループの、同じ人事労務担当者という仲間である」という意識がさらに強化された。同時に、「同じ悩みを抱えている人が他にもいるのだ」という安心感や共感、「自分の知らないところでそういうことも起こっているのか、よく考えれば確かにそれは人ごとではない」という新たな発見も多くあったようだ。

　そのうえで、再びグループごとに分かれて、今度は「私のジョブ定義書」を作成するというワークショップをオンラインで実施した。もともとグループ単位で作成していたジョブ定義書、そして「たった1つの究極のジョブ定義書」を参考にしつつ、最後は自分自身の、完全に自分仕様のジョブ定義書を約3時間程度で作成してもらった。

　任務や職責の表現を自分仕様でまとめてもらうことはもちろん、「重点的に伸ばしていきたいスキル」をいくつかリストアップしてもらい、理由も書き添え、さらに、レベルを上げていくために有効と思われるアクションプランも具体的にまとめてもらった。

　それにより、ジョブ定義書というのは見方を変えれば「キャリアについてのカルテのようなものである」ということを実感してもらうのも目的の1つであった。そのカルテがあれば、1対1面談の対話は自然と充実して理想的な内容になるのである。

　K社の従業員を対象とした「1対1面談における対話内容」についての調査結果（4,000名が回答）では、約9割が「現在・今後の業務内容」につ

いて対話しているものの、他方で、「今後のキャリアプラン」について話しているのは約2割程度、「研修やスキルアップについての相談」について話しているのは約1割程度という状況であることがわかった。

そこで、研修プログラムに新たなメニューを加えた。「ジョブ定義書を活用した1対1面談実践」である。

まず、「私のジョブ定義書」という完全自分仕様のジョブ定義書を、事前に上長と共有しておく。1対1面談に入る前に、上長には「ジョブ定義書の中で、どの点が最も気に入ったか」について話してもらい、メンバー側からは上長に対して「今回の1対1面談では、ジョブ定義書の中のどの点について重点的に対話したいか」という希望を伝えてもらう。

そのうえで、実際に上長と部下との間で1対1面談の実演をしてもらい、他のペアや他のグループのメンバーは自由にそれを見学できるようにした。各ペアの持ち時間は10分間としたが、十分に中身のある対話ができていた。

最後に、自分達が実践してみての感想と、併せて他のペアの実演を見学して気付いたことをそれぞれ全員に述べてもらった。今回の実演が、実は1対1面談初体験であったというペアもいくつか見られ、そのうちの一人のメンバーは「上司がそんなふうに自分のことをよく見てくれていたとは。自分が最も大切であると感じて記載したジョブ定義書の中の表現を褒めてもらえたことと合わせ、感動して涙が出た」との感想を述べたのがとても印象に残っている。

上長の側から多く出たフィードバックコメントとしては、──「これまでは自由な形式でやってきており、そのせいか雑談に終始してしまうことが多かった。次回は何を話そうかと困ることも多く、正直なところ毎回1対1面談の時間をセットすることが億劫に感じることも増えていた。そんな時にこのようなジョブ定義書を対話の素材として活用する方法を知り、新鮮な気持ちで楽しんで『実演』できた。これがあれば、ずっと実のある対話を続けられそうだ」──といったものが多かった。

3. リスキリングとラーニング文化の醸成

　まず、「Re・Skill」と言うからには、自らが保有するスキルについて把握しておくこと、自分が目指すべき姿、組織から求められている姿を想定した時に必要とされるスキルを把握しておくことが不可欠だ。それらの間のスキルギャップを埋める営みこそが「リスキリング」である。

　そうすると、前述のK社の事例で紹介したようなことが、ここでも有効になる。

　リスキリングを促進していくためには、組織全体でラーニング文化を醸成することが重要だ。そのためにはまず、リーダーシップが必要になる。リーダー自らがグロースマインドセットを持ち、自分自身も周りのメンバーも常に学び続けて成長意欲を保つ必要がある。グロースマインドセットとは、努力や継続的な学習が能力の発展に不可欠であるという認識のもと、失敗や困難すら成長の機会と捉え、挑戦を通じて自己を向上させようとする姿勢のことだ。

　さらには、「エクスペリエンス」の重要性も認識すべきだ。マインドだけ先に立っても、実践を支える基盤がなければ、メンバーの期待を裏切ることにもなりかねない。ここでは特に「ラーニング・エクスペリエンス（LX：Learning Experience）」が重要であり、「エンプロイー・エクスペリエンス（EX：Employee Experience）」についてラーニング領域に特化して追求していくことでもある。

　キーワードは「**個別化学習**」と「**学びの素早さ**（を支える基盤作り）」だ。「**個別化学習**」は、従業員それぞれ保有スキルや過去の経験、将来のキャリア志向が異なることを前提に、一人ひとりにとって、最も必要なラーニングメニューを、最適なタイミングで提示して受講を促すような仕組みを典型例として挙げることができる。これを実現するためには、ラーニング・マネジメント・システム（LMS：Learning Management System）やラーニング・

エクスペリエンス・プラットフォーム（LXP：Learning Experience Platform）とも呼ばれるテクノロジーの活用が不可欠である。

「学びの素早さ」、あるいは**「ラーニング・アジリティ**（Learning Agility）」は通常、新たな状況や課題に直面した際にも迅速、かつ効果的に学習して適応できる個人や組織の能力を指すことが多いが、ここでは、そのような能力が必ずしも十分にない人であっても、システムやテクノロジーの力によって「学びの素早さ」をサポートしてくれるような仕組み作りのことを言う。したがって、この観点においてもラーニング領域のテクノロジーの活用が不可欠となり、「個別化学習」と「学びの素早さ（の支援）」というのは相互に関係し合う。

4.「攻め」の人的資本開示

「対応しなければ法律違反になる問題」や「雇用環境整備」というのは、「人的資本開示」のうち「守り（リスクマネジメント）」の領域の話と言える。

他方、従業員の働き方の柔軟性をアピールして採用ブランディングにつなげたり、主に人材開発の側面で、人件費を人材への投資と捉え直す（そのための工夫をする）というのは「攻め（企業価値向上）」の領域の話である。「攻め」と「守り」で性質は異なると思えるが、いずれも真の意味での「人的資本経営」につながっていく重要な取り組みである。

一時期のGAFAのように、爆発的な成長を遂げる企業の価値の源泉は知的資産や財務情報の優位性だけでは巧く説明できなかった。

そのため、知的資産や財務情報として、表現しにくい何か別の「競争優位性の源泉」があるのではという話になり、「これをどう可視化すればいいか」という議論が持ち上がったのは確かに欧米からではあったが、もちろん、わが国にも当てはまることであり、地域性や社会的背景の違いがあるわけではない。

いわゆる「ジョブ型」の人材マネジメントがもともと主流であった欧米においては、各企業がジョブ型の制度に基づいて個別に管理していた「ワークフォース（効果的な人材活用や配置の最適化）」の実態について、ある程度共通の基準で開示することが可能であった。

　これにより「競争優位性の源泉」として人（従業員）の価値を、スキル・コンピテンシーベースで表現することによって、組織としての持続可能性を、投資家を始めとしたステークホルダー達に効果的、説得的に開示できるという考え方が生じてきた。

　これに基づいて、2018年12月のISO30414リリースに端を発した世界的な「人的資本開示」の流れが、欧米主導で行われてきたのである。

　この流れは、ESGで言う「S（社会問題）」の観点における企業の果たすべき社会的責任と、人権の視点が強い欧米特有のものであり、「日本国内に、この視点をそのまま持ち込むべきではない」「過度に強調すべきではない」ということが国内の一部専門家の間で主張されているようだ。

　これに対して私は非常に違和感を抱くとともに、ある特定の意図を感じざるを得ない。

　つまり、グローバル視点や攻め（企業価値向上）の観点をあまり重要視していない立場からの意見だと思えるとともに、「人的資本経営」や「人的資本開示」に係るコンサルティングやアドバイザリーのサービスを「法令対応」の領域に集中させる狙いがあるようにも思えるからだ。

　この類の論者はさらに続けて、「わが国の人的資本経営においては、働き方改革をさらに充実させていく流れが重要で、法令上、開示が義務化されている事項のほとんどが、この課題に関する内容になっている」と主張するケースも多い。

　もちろん、「法令上の義務となっている開示事項のほとんどが、この課題に関する内容」というのはそのとおりだろう。

ちなみに、それは「守り（リスクマネジメント）」の領域だ。そこに、「少子高齢社会の中で、多様な働き方を各企業で実現しようという狙い」ということもあるだろうが、「人的資本経営」や「人的資本開示」はどちらかと言うと「攻め（企業価値向上）」の領域のテーマだ。

　欧米の企業ではESG（の中の特に「S」）に関する情報開示が非常に充実している一方で、「ワークフォース（効果的な人材活用や配置の最適化）」の観点では、あまり情報開示されていないケースが多いとの説明も多く見受けられるが、おそらく事実誤認であろう。

　実際、世界中の企業から人的資本開示のお手本とされて注目されているドイツ銀行の「Human Resource Report 2021」を見ても、以下の人材戦略の４つの柱が示されている。

1. 最適な人材配置（Optimized workforce）
2. 将来のリーダー（Leaders of the future）
3. 自律性の高い従業員（Empowered employees）
4. 安全な銀行（Safe Bank）

出典：吉田寿・岩本隆『企業価値創造を実現する人的資本経営』（2022年）

　ここからも「ワークフォース」の要素にかなりふれられていることがわかる。仮に「数」からしたら、このような開示がまだまだ少数派だとしても、本質がどこにあるかを捉えれば、このような開示をもっと増やしていかなければならないことは明らかで、この領域の専門家を自称するのであれば、その方向へいかにリードしていくのかに腐心したいものだ。

　ちなみに、「稀に、ワークフォースに関連した開示を行っている企業があっても、開示項目は企業ごとにさまざまで、それぞれ異なる。だから、まだまだ定着した動きとは言えない」と言わんばかりの解説まで付されるケースもあるのだが、その傾向はむしろ当然ではないか。

「義務化」に沿った「規定演技（守り：リスクマネジメント）」一辺倒でなく、「自由演技（攻め：企業価値向上）」の部分を充実させようと思えば当然そうなる。

国内外問わず「統合報告書」を短期間で多数読み込んで（短期間で多数ということは読み込みの度合いはそれほど深くはないはずである）、──「欧米では人種や宗教、ジェンダーの平等といった『人権問題』についての開示が非常に充実している一方、『人の価値を最大限に発揮して生産性を高める』といった方向性の開示はあまり見られない」──と解説するセミナーが人気を博しているようだ。

私自身が「海外のさまざまな業種・業界の企業の開示内容を分析」ということを数多くこなせていないため、何とも判断しかねるところがあるのだが、わが国よりもはるかに（本格的な）HRテクノロジーの活用が進んでいる欧米において、「人の価値を最大限に発揮して生産性を高める」ということが疎かになっているとは到底思えない。

なぜなら、HRテクノロジーの真髄や本質は、「人の価値（スキルと言ってもいい）を最大限に発揮して、生産性を高めることを支援するもの」と言えるからだ。

もしかしたら、施策自体は当たり前のようにやっていて、それをわざわざ人的資本開示に載せることが疎かになっているのかもしれないという仮説は立てられる。現段階では、「本当に大切なところは公開したくない」と考える企業も多そうだ。ただ、人的資本開示の動向について独自の調査研究を3年以上前から行っているHRテクノロジーコンソーシアム内の有識者やプロジェクトメンバーにも確認したところ、「一部をチラ見せしている海外企業は既に昨年（2022年）から多数存在している」とのことである。

投資家を始めとする、さまざまなステークホルダーに対してアピールする折角のいい機会であり、企業価値向上につなげるには機密事項以外、チラ見せどころか、今後は積極的に開示が進められるべきだろう。

「専門家」を自称する者の多くが、企業価値や経営手法、人材育成などの領域（「攻め」の開示）について、どうしても理解されにくく、今ひとつ浸透していかない理由を、社会課題の種類や、それぞれの課題の背景・経緯が異なるためとシンプルに割り切り、結果として、わかりにくいからこの領域を突き詰めるのはやめておこうという方向に導いてしまっているのが、わが国の「人的資本開示」界隈における最大の問題点である。

　この領域においては課題も多く存在し、乗り越えるべきハードルも高いものの、人的資本開示、人的資本経営の専門家として振る舞うなら、「守り」もしっかりと固めたうえで、「攻め」の要素についても、何らかの解決策を示していくべきである。

　この点、自戒の意味も込めて述べているが、どうしても私自身は専門性や知見のなさから「守り」の領域についての説明や主張が手薄になってしまうが、「守り」の部分は一番初めに固めておくべき領域であると考えている。

　ただ、ここを支援する専門家（主に社会保険労務士、労働法に強い弁護士、トラディショナルな人事コンサルタント）の数は十分に足りていそうであるため、彼ら、彼女らにお任せしたい。

04 | まず自分から変わる　そのための実践、方策とは

「あなたは、いったい何をして生きていきたいですか？」という問い、自問自答が非常に重要である。

セルフジョブ定義（→139ページ）というのは、――「今現在、担当している職務にフォーカスして、自分なりにその任務と職責の内容を表現し、それを遂行・全うするにあたり、役立てていると自己認識しているスキルを洗い出すことにより、自己理解を深める手法」――である。

何らかの企業や組織に所属している人にとって、今後のキャリアパスを考えるにしても、リスキリングの方向性を定めていくにしても有効な方法であろう。

しかしながら、この方法だと現在地点から線を延ばしていって、どこまで行けそうか、どの辺りまでなら確実に行けそうかというキャリアパスしか描けない。現在とこれまでのキャリアの延長上でしか夢を描けないとも言える。

むしろ「人生100年時代」と言われるこの時代において、70歳、いや、80歳くらいまではずっと野心的な夢を描き続けてもいいのではないか。「自分はいったい、何をして生きていきたいのか」という根源的な質問を自身に対して投げかけてみた時、「そうは言っても、いろいろと制約が…」「今からでは遅過ぎるのでは…」「資金面の問題が…」というように、さまざまな阻害要因が頭に浮かんでくるかもしれない。

その時にお勧めなのが、（再び「セルフジョブ定義」の話になるのだが）今度は、現在の自分が実際に担っている職務や仕事についてではなく「架空の

誰か」という仮の人物を設定して、その人に「ジョブタイトル」を付けて
しまうことから始めてみよう。

　私自身の場合は、「世界を旅する、流浪のキャリアプランナー」という
ジョブタイトルを「架空の誰か」に付けてみたい。私自身の将来像という
より、「憧れの架空の人」というイメージに近い。
「世界を旅する、流浪のキャリアプランナー」というジョブが実際にあっ
たとしたら、「ジョブの概要説明」はどのようになりそうか。好き勝手に
想像してみる。

　まずは、フォーマルな表現にまとめる前に、友人・知人・親戚などにわ
かりやすく口頭で説明するとしたらどうなるかという発想で表現を考えて
みる。例えば、次のような表現はどうだろうか。

　　　――「一箇所にとどまらず、国内外問わず、自分が好きな場所を旅し
ながら、旅の途中で出会った人にキャリアについて尋ねる。これまでのこ
と、今現在のこと、これからどうしていきたいのかということを中心に聴い
ていく。気になったこと、個人的に興味を持ったことについては深掘り質
問をする。そうして聴いた話をベースに、それぞれのキャリアの『点』と
『点』を『線』でつないであげて、ついでに本人も気付いていない『強み』
を言語化してあげる。そして最後に、思い付くまま可能な限り『こんな仕
事も向いているのではないか』ということをリストアップして提示する」――

　少し長くなったが、もう少しコンパクトにまとめよう。次は、前述の表
現の中から何とかして「**4つの異なる切り口**（→139ページ）」を見つけて
「**任務と職責**（Role & Responsibility）」としてまとめる作業だ。
「ジョブの概要説明」を要素分解していくと、次のようにまとめることが
できそうだ。

任務と職責１

旅の途中で偶然出会った人に、キャリアの変遷や将来に向けてのキャリア志向について質問してまとめる。

任務と職責２

ヒアリング対象者それぞれのキャリアの「点」と「点」を「線」で結んで「つながり」をストーリー仕立てにまとめる。

任務と職責３

ヒアリング対象者につき、本人も気付いていない「強み」を言語化する。

任務と職責４

ヒアリング対象者が有する「強み」をフルに発揮できるような「適職」を見つけて提示する。

　次に、それぞれの「任務と職責」に必要とされるスキルをリストアップする。まず手軽にやってみようという場合には、昨今話題の「生成AI」を活用するといい。「生成AI」からの回答だけでも、かなりの精度でビジネス上、広く通用するスキルをリストアップ可能だが、ここではＳＰ総研が保有するスキルライブラリーの情報を併せて活用し、よりいっそう精度を上げてみた。

「任務と職責１」に必要なスキル

- コミュニケーション力
- 情報収集力
- 傾聴力
- 質問力
- 分析力

- 文書化力
- 共感力
- 柔軟性および適応性
- 関係構築力

「任務と職責2」に必要なスキル

- 分析力
- 批判的思考
- 創造性
- ストーリーテリング
- コミュニケーション力
- プレゼンテーション力
- 文書化力

「任務と職責3」に必要なスキル

- 洞察力
- 傾聴力
- コミュニケーション力
- 分析力
- ファシリテーション力
- ポジティブ思考
- 意味付け力
- 言語化力
- 関係構築力

「任務と職責4」に必要なスキル

- キャリアコンサルティング

- キャリア計画
- 人材評価
- 職務分析
- 市場調査
- コミュニケーション力
- ジョブマッチング
- フォローアップ

　以上のスキル一覧を全体的に眺めてみて、

　　①既に保有していると思われるスキル
　　②保有しているとまでは言えない（自信がない）スキル

に分類してみる。ちなみに、それぞれのスキルの意味合い（説明書き）については知的財産権の兼ね合いでここでは省略するが、「生成AI」に質問するだけでも、それなりの解説文を入手できる。

①既に保有していると思われるスキル

- コミュニケーション力
- 情報収集力
- 傾聴力
- 質問力
- 文書化力
- 共感力
- 柔軟性および適応性
- 関係構築力
- 批判的思考

- 創造性
- ストーリーテリング
- プレゼンテーション力
- 洞察力
- ファシリテーション力
- ポジティブ思考
- 意味付け力
- 言語化力
- 人材評価
- 職務分析
- ジョブマッチング

②保有しているとまでは言えない（自信がない）スキル

- 分析力
- キャリアコンサルティング
- キャリア計画
- 市場調査
- フォローアップ

　ここで、「②保有しているとまでは言えない（自信がない）スキル」として
リストアップされたもののうち、個人的に最も興味があると同時に、長年
にわたる苦手意識があり、どこかでコンプレックスすら感じていたのは「分
析力」であることを改めて自覚した。
　そこで「分析力」というスキルを身に付けるためには、どのような学習
が有効かと「生成AI」に尋ねたところ、必ずしもすべてが満足のいく回答
であったわけではないが、その中でも「なるほど、それは確かにそうだな」
と納得感があったのは次の2点であった。

- 統計学について学ぶこと

- データ分析ツール、およびデータ可視化ツールの使い方を習得すること

　このうち、「統計学」については、せっかく経済学部を卒業しているのに（経済学には統計学が必須であるはずなのに）、最も苦手意識のある科目で、それゆえ、学生時代のサボりの延長で、社会人になってからも避け続けた結果、「データサイエンス」の領域が花盛りとなって以降「なぜあの時、もっと一生懸命に勉強しなかったのだろう」という後悔がついてまわっていたという意味で、かなり強いコンプレックスを抱いていた領域と言える。

　また、「データ分析ツール、およびデータ可視化ツール」についても、ウイングアーク1stという会社に勤務していたにもかかわらず、ついに在籍中に主力製品であるそれらのツールについてマスターすることはなかったという後ろめたさが今も残ったままである。

　と、このような流れで「まず自分にとって強化したいスキルは何か」と問いかけてみて、明日からでも始められそうなアクションプランを策定してみてはいかがだろうか。

05 | 人的資本経営時代に求められるスキル

1. スキルのトレンド

　毎年「世界経済フォーラム（ダボス会議）」開催のたびに発行されている「The Future of Jobs Report」の2018年版の内容から紹介する。

　2018年時点での「2022年のスキルのトレンド予測」は図4-5のように挙げられていた。

図4-5　2022年のスキルのトレンド予測

2022 Skills Outlook

成長分野	衰退分野
1. 分析的思考および革新性	1. 手先の器用さ、忍耐力および緻密さ
2. 能動的学習およびラーニング戦略の立案	2. 記憶力、言語能力、聴覚能力および空間認識能力
3. 創造力、独創性、自発性	3. 財務会計および資材管理領域のマネジメント
4. 技術設計およびプログラミング	4. システムのインストールおよびメンテナンス
5. 批判的思考および分析能力	5. 読み、書き、そろばん、およびアクティブ・リスニング
6. 複雑な問題解決	6. 人事管理（人事部門の中の単なる管理業務）
7. リーダーシップおよび社会的影響力	7. 品質管理および安全意識
8. 心の知能指数（EQ）	8. 調整および時間管理
9. 推察力、問題解決能力および新商品考案	9. 視覚能力、聴覚能力および発話能力
10. 体系解析（SA）およびシステム評価	10. システムの監視および管理

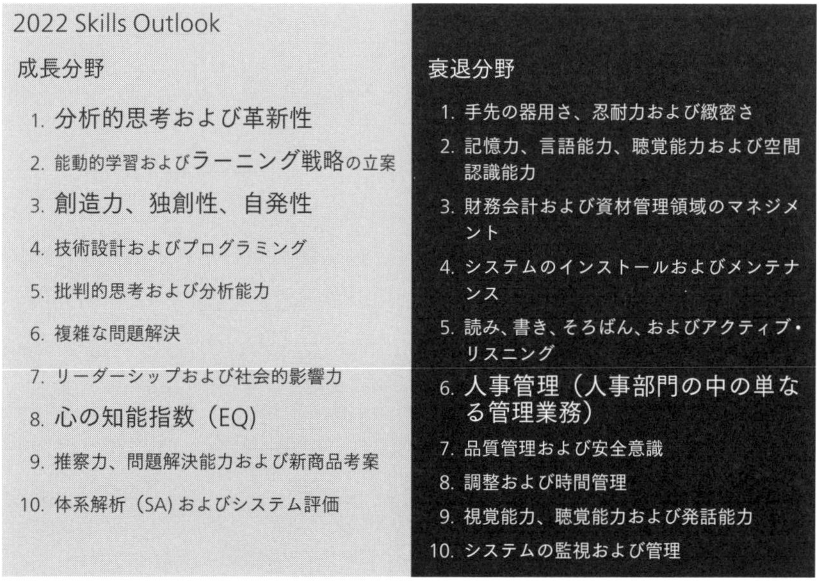

2018 年現在	2022 年成長分野	2022 年衰退分野
分析的思考および革新性	分析的思考および革新性	手先の器用さ、忍耐力および緻密さ
複雑な問題解決	能動的学習およびラーニング戦略の立案	記憶力、言語能力、聴覚能力および空間認識能力
批判的思考および分析能力	創造力、独創性、自発性	財務会計および資材管理領域のマネジメント
能動的学習およびラーニング戦略の立案	技術設計およびプログラミング	システムのインストールおよびメンテナンス
創造性、独創性、自発性	批判的思考および分析能力	読み、書き、そろばん、およびアクティブ・リスニング
細部へのこだわりおよび信頼性	複雑な問題解決	人事管理（人事部門の中の単なる管理業務）
心の知能指数（EQ）	リーダーシップおよび社会的影響力	品質管理および安全意識
推察力、問題解決能力および新商品考案	心の知能指数（EQ）	調整および時間管理
リーダーシップおよび社会的影響力	推察力、問題解決能力および新商品考案	視覚能力、聴覚能力および発話能力
調整力および時間管理	体系解析（SA）およびシステム評価	システムの監視および管理

出典：World Economic Forum「The Future of Jobs Report 2018」
https://www.weforum.org/reports/the-future-of-jobs-report-2018/
（内容翻訳・文字強調は著者による）

私が注目したポイントは次のとおりである。

- 分析的思考がトップ（以降の年度の予測でもその傾向が続く）

- ラーニング系のスキルが２位

- クリエイティブ系のものが３位

- 人間独自の（AIや機械では代替が難しそうな）スキルの典型である「心の知能指数（EQ）」が８位

- 「単なる管理業務」という意味においての「人事管理」が衰退分野の６位

次に、「The Future of Jobs Report」の2023年版の内容から「2023年時点で求められるコアスキル」についての調査結果を紹介する。（図4-6）

（参考）https://www.weforum.org/publications/the-future-of-jobs-report-2023/

図4-6　2023年時点で求められるコアスキル

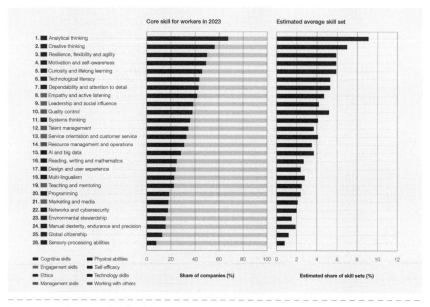

1. 分析的思考（コ）
2. 創造的思考（コ）
3. レジリエンス、柔軟性および適応性（自）
4. モチベーション（の維持・向上）と、自己認識・自己理解（自）
5. 好奇心と生涯学習（学び続ける力）（自）
6. テクノロジカルリテラシー（さまざまな技術への精通）（テ）
7. 正確さと細部へのこだわり（自）
8. 共感力と傾聴力
9. リーダーシップおよび社会的影響力
10. 品質管理（マ）
11. システム思考（コ）
12. タレントマネジメント（マ）
13. サービス志向とカスタマーサービス
14. リソース管理および運用（マ）
15. AI およびビッグデータ（テ）　（以下略）
[（コ）：コグニティブ／（テ）：テクノロジー／（マ）：マネジメント／（自）：自己効力感]

世界経済フォーラム報告書「The Future of Jobs Report 2023」図4.2　2023年のコアスキル
調査対象組織のうち、自社の労働力にとってスキルをコア・スキルと考える組織の割合。調査対象組織の労働者のスキルセットの推定平均構成。スキルは、調査対象組織のうち、そのスキルを労働力の中核と見なす組織の割合が高い順にランク付けされている。

出典：World Economic Forum「The Future of Jobs Report 2023」
https://www3.weforum.org/docs/WEF_Future_of_Jobs_2023.pdf
（点線以下：内容翻訳・解説・文字強調は著者による）

図4-7 2023年時点で重要性が増しているスキル

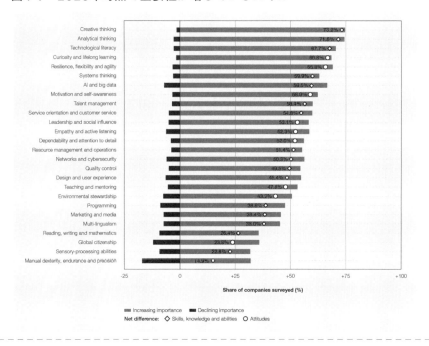

「分析的思考」と「創造的思考」は、2018年時点での「2022年のスキルのトレンド予測」と同様に最上位に位置付けられている。また、「自己効力感」と分類されるスキルがいくつか台頭してきている。

　さらに、「マネジメントスキル」と分類されるスキルが3つほど、最上位ではないが根強くランクインしている。

　次に、同じく「The Future of Jobs Report」の2023年版の内容から「2023年時点で重要性が増しているスキル」についての調査結果を紹介する。（図4-7)

1. 創造的思考（コ）
2. 分析的思考（コ）
3. **テクノロジカルリテラシー（さまざまな技術への精通）（テ）**
4. 好奇心と生涯学習（学び続ける力）（自）
5. レジリエンス、柔軟性および適応性（自）
6. **システム思考（コ）**
7. **AIおよびビッグデータ（テ）**
8. モチベーション（の維持・向上）と、自己認識・自己理解（自）
9. タレントマネジメント（マ）
10. サービス志向とカスタマーサービス
11. リーダーシップおよび社会的影響力
12. 共感力と傾聴力
13. 正確さと細部へのこだわり（自）
14. リソース管理および運用（マ）
15. **ネットワークおよびサイバーセキュリティ（テ）**
16. 品質管理（以下略）（マ）
[（コ）：コグニティブ／（テ）：テクノロジー／（マ）：マネジメント／（自）：自己効力感]

世界経済フォーラム報告書「The Future of Jobs Report 2023」図4.3
調査対象組織のうち、スキルの重要性が高まっている、あるいは低下していると考える組織の割合

出典：World Economic Forum「The Future of Jobs Report 2023」
https://www3.weforum.org/docs/WEF_Future_of_Jobs_2023.pdf
（点線以下：内容翻訳・文字強調は著者による）

「重要性が増してきている」という観点で見ると、かなり順位が入れ替わる。特筆すべきは、「テクノロジー」というカテゴリに分類されるスキルの上昇率の高さが目立ち、「ネットワークおよびサイバーセキュリティ」も22位から15位に一気に上昇している。

　次ページに、「The Future of Jobs Report」の2020年版の内容から「2025年のスキルのトレンド予測」についての調査結果を紹介する。（→次ページ・図4-8）

図4-8 2025年のスキルのトレンド予測

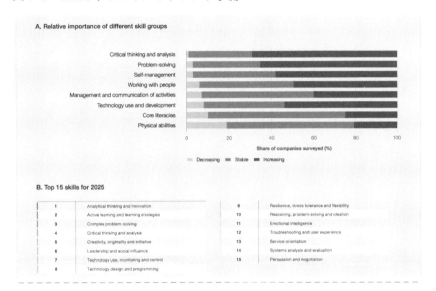

A. スキルごとの相対的重要度

1. 批判的思考および分析能力
2. 問題解決能力
3. 自己管理
4. 他者との協働
5. マネジメントおよびコミュニケーション
   能力
6. テクノロジーの活用および改善
7. コアリテラシー
8. 身体能力

B. 2025 年の Top 15 スキル

1. 分析的思考および革新性
2. 能動的学習およびラーニング戦略の立案
3. 複雑な問題解決
4. 批判的思考および分析能力
5. 創造力、独創性、自発性
6. リーダーシップおよび社会的影響力
7. テクノロジーの活用、モニタリングおよび統制
8. 技術設計およびプログラミング
9. レジリエンス、ストレス耐性および柔軟性
10. 推察力、問題解決能力および新商品考案
11. 心の知能指数（EQ）
12. トラブルシューティングおよびユーザエクス
    ペリエンス
13. サービス指向
14. 体系解析（SA）およびシステム評価
15. 説得力および交渉力

世界経済フォーラム報告書「The Future of Jobs Report 2020」図27
2025 年までに需要が高まると考えられるスキルおよびスキルグループ（調査対象企業のシェア別）

出典：World Economic Forum「The Future of Jobs Report 2020」
https://www3.weforum.org/docs/WEF_Future_of_Jobs_2020.pdf
（点線以下：内容翻訳・文字強調は著者による）

これは2020年時点で予測された2025年のスキルのトレンド予測であるが、これを2018年時点で予測された2022年のスキルのトレンド予測、そして2023年時点でのトレンドと比較してみると次のようにまとめることができる。

- 分析的思考は、常に最上位
- 創造力、創造的思考もほぼ同様に上位
- 「問題解決」系のものも、ほとんど順位を変えずに残っている。
- 「レジリエンス、ストレス耐性、柔軟性」系のものが、直近の予測ほど上位に躍り出ている。

再び「The Future of Jobs Report」の2023年版の内容から「2027年にかけてのリスキリングの対象」についての調査結果を紹介する。(図4-9)

図4-9　2027年にかけてのリスキリングの対象

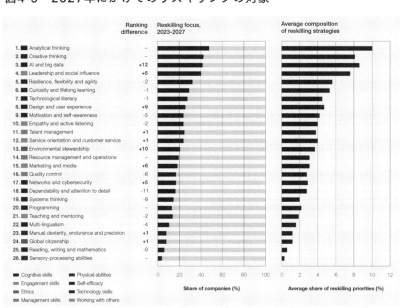

1. 分析的思考（コ）
2. 創造的思考（コ）
3. AIおよびビッグデータ（テ）
4. リーダーシップおよび社会的影響力（マ）
5. レジリエンス、柔軟性および適応性（自）
6. 好奇心と生涯学習（学び続ける力）（自）
7. テクノロジカルリテラシー（さまざまな技術への精通）（テ）
8. デザイン（設計）およびユーザエクスペリエンス（テ）
9. モチベーション（の維持・向上）と、自己認識・自己理解（自）
10. 共感力と傾聴力
11. タレントマネジメント（マ）
12. サービス志向とカスタマーサービス（以下略）

[（コ）：コグニティブ／（テ）：テクノロジー／（マ）：マネジメント／（自）：自己効力感]

世界経済フォーラム報告書「The Future of Jobs Report 2023」図4.5　リスキルとスキルアップ 2023〜2027年調査対象組織が報告したスキル再教育とスキル向上に関する優先順位の集計。図 4.2 に示された 2023 年のスキル重要度ランキングとの相対的なランキング差（プラスのランキング差は戦略的優先度を示す）2023〜2027 年のリスキリングおよびスキルアップ戦略に各スキルを盛り込んだ企業の割合。調査対象組織のリスキリングとスキルアップの取り組みの平均構成

出典：World Economic Forum「The Future of Jobs Report 2023」
https://www3.weforum.org/docs/WEF_Future_of_Jobs_2023.pdf
（点線以下：内容翻訳解説・文字強調は著者による）

　同じ年度のレポート内の「2023年時点で求められるコアスキル」「2023年時点で重要性が増しているスキル」と比較してみると、次のようなスキルが上位に食い込んでいるという特徴に気付く。

- AI およびビッグデータ
- リーダーシップおよび社会的影響力
- 好奇心と生涯学習（学び続ける力）
- デザイン（設計）およびユーザーエクスペリエンス

　私なりに解釈すると、まず「リスキリング」と言った場合、「好奇心と生涯学習（学び続ける力）」を備えた人ほど促進される。したがってそれが

大前提だという関係にあると言えそうだ。そして、「AIおよびビッグデータ」と「デザイン（設計）およびユーザーエクスペリエンス」の2つについては、リスキリング向けの講座やラーニングコンテンツが充実しており、それらを身に付けると（当面は）新たな仕事（ジョブ）を得ることができるという、「リスキリング」の定義をお手本どおりに解釈をした時の「成果」につながりやすいからではないかと推察する。

　他方、なぜ「リーダーシップおよび社会的影響力」が、「リスキリングの重点対象」となった時、急に上位にランクインするのかについては巧い説明が見当たらない。

２．実際に日本企業において注目されているスキル

　ここでは、ＳＰ総研が実際に支援した数々の企業において、どのようなスキルが注目されているかについて紹介する。具体的には、「セルフジョブ定義」のサービスを通じて「ジョブ定義書」の中に盛り込まれたスキルの種類には明らかに職種ごとでの傾向が見られることから、その点に着目してまとめてみる。

人事系（コンサルタントは除く）

「多様性の価値の理解」

「人事系」の実業務に関わる、ほぼすべての「ジョブ」において出現する傾向の強いスキルである。ダイバーシティ（DEI）担当者や、責任者においてこのスキルが求められることは予想どおりであるが、本部人事の部長や課長、部門人事の部長や課長、さらには人材育成や組織開発担当者に至るまで、ほとんどのケースで「必要、かつ重要度が高い」とされる傾向にあるというのは興味深い。

「戦略構築」

　当方にとっても、これは意外であった。経営層や事業部の責任者の「ジョブ」にこれが求められるのは当然であろう。その意味では、「人事系」の中でもCHRO（Chief Human Resource Officer：最高人事責任者）や人事部長にこのスキルが求められるというのは予想できる。しかし意外なことに、人事系の中でも、より現場に近い担当者レベルの「ジョブ」においても高い割合でこのスキルが出現するという結果になった。

　当方が支援した企業という範囲の中ではあるが、意外にも（と言ったら失礼だが）、「戦略人事に生まれ変わらなければ」という使命感が強い人が多いのかもしれない。

「洞察力（本質を見抜く力も含む）」

　CHROから現場に近い担当者レベルまで、人事系のあらゆる「ジョブ」において非常に出現率が高いスキルである。ニュアンスとしては、「人の本質を見抜けなければならない」「人の発言の中から多くのヒントを得る必要がある」「些細な事象からもさまざまなことに気付いていくことが求められる」というような対話の中から、結果としてこのスキルの必要性を自ら実感するというケースが多い。

「人材重視（一般的に「共感力」「相手の立場に立てる」の意で解釈）」

　本部人事か部門人事かを問わず、部長クラスや課長クラスの人達の多くが、このスキルを重視する傾向にある。担当者レベルでも人材育成に携わる人達は、このスキルを重視する傾向にある。

「誠実さと倫理的価値観」

　人事系に限らず、経営層や事業部長などの上位層の「ジョブ」においては、かなりの高比率で出現するスキルであるが、人事系の場合は、課長

以下の比較的現場レベルに近い「ジョブ」においても、これを重視する割合が多いと言える。

「影響力」

人事系の中でも特に、CHROやダイバーシティ（DEI）担当役員といった上位職の場合には、高い割合で出現するスキルである。なお、このスキルはマーケティング系、営業系のそれぞれの領域における「ジョブ」においても比較的出現率が高い。

コンサルタント（主に人事領域における）

価値構築、優先順位付け、顧客ニーズの把握、ソリューション設計の4つは、ほとんどすべてのコンサルタント系の「ジョブ」において重要度が高いと判断される傾向にある。

ただし、当方の支援実績としてコンサルティング系のジョブにおいては「人事系のコンサルタント」の「ジョブ」に偏っているため、その傾向がコンサルタント職全般についても当てはまるか否かは不明である。

営業系

コミュニケーション力、結果を出す力、価値提案（バリュー・プロポジション）の3つは、ほとんどすべての営業系の「ジョブ」において重要度が高いと判断される傾向にある。それ以外にも、影響力、ネットワーキング（人脈形成）も比較的重要度が高いとされることが多い。

マーケティング系

　情報収集力（リサーチ力）、市場動向の把握、ネットワーキング（人脈形成）の3つは、ほとんどすべてのマーケティング系の「ジョブ」において重要度が高いと判断される傾向にある。それ以外にも、影響力についても重要度が高いとされることが多い。

研究開発系

　調査および検証、革新性、継続的変革、創造的思考／創造力の4つは、ほとんどすべての研究開発系の「ジョブ」において重要度が高いと判断される傾向にある。

（参考）**日本企業が重視するスキル**（→51ページ）

06 | 「骨太の人的資本開示」を行うためのアドバイス

1. オムロンの事例

金融庁が2021年12月21日 にリリースした『「サステナビリティ情報」(2)「経営・人的資本・多様性等」の開示例（好事例集）』（以降、「好事例集」とする）にも掲載された事例であるが、同社の有価証券報告書（2021年3月期）と有価証券報告書（2022年3月期）について併せて見ていく。
（参考）https://www.fsa.go.jp/news/r3/singi/20211221/02_2.pdf

まず評価すべきポイントの1つ目として、──「人権の尊重と労働慣行という社会的課題に対し、構築した人権デューデリジェンスのプロセスに関する取り組みを記載していること」──が挙げられている。

実際に有価証券報告書（2021年3月期）のp.19に、「人権の尊重と労働慣行に対するサステナビリティの目標と実績」という項目の中で「2020年度実績」として、「自社従業員に加え、派遣会社・委託先の従業員に対しても運用開始」と記載されているが、このように対象範囲を広げて、「当社グループで働くすべての人達の人権が尊重された、よりよい職場環境を実現」という点に同社の「インクルージョン」施策に対する意気込みが感じられて非常に好印象である。

評価すべきポイントの2つ目として、──「サステナビリティに関する指標として会社が独自に設定した『海外重要ポジションに占める現地化

比率』『女性管理職比率』などの目標と実績を記載していること」——が挙げられている。これについては、先ほどの続きとして当該有価証券報告書のp.20に記載がある。その中で「女性若手社員のキャリア開発意欲が高まりつつある」と表現されているのだが、可能であれば、その高まり度合いを示すエビデンスデータの提示をしてほしい。例えば、社内のアンケート調査の結果でもいいし、従業員エンゲージメントサーベイの中の関連項目についての結果の開示でもいい。

　次に、「（女性管理職の）中長期的な候補者母集団の形成」が課題として挙げられているが、もっと具体的に、原因としては何が考えられて、どのようにして、その課題を解決していこうとしているのかについての施策を明記してほしい。

　推測するに、後継者計画の仕組みが整っていないのではないか。後継者計画というのは「タレントマネジメントの真髄」であるが、これを行うためには、まず、管理職ポジションについてスキル・コンピテンシーベースで詳細な要件定義を行い、それと同じモノサシで、人材側の保有スキルの洗い出しを行っておかなければならない。そのためには、「本格的なタレントマネジメントシステム」の導入が不可欠である。

　同社において、もし既にそれが導入済みなのであれば、そのシステムを具体的にどのように活用していく計画になっているのかを記載すればいいし、導入がまだなのであれば、どのような方針でシステムを選定中なのかを記載すればいい。

「チャレンジし続ける風土を醸成」という目標に対して、「共感・共鳴の輪の拡がりが確実に加速」という実績を掲げている点、非常に好印象である。失敗を恐れず新たな挑戦をした者が讃えられ、その結果、たとえ失敗しても「Good Loser賞」のようなものが与えられて、賞賛されるような

仕組みなのではないかと容易に想像もできる。せっかくなので、この取り組みへの参加率や、エントリー数が上がるにつれて従業員エンゲージメントやエンプロイー・エクスペリエンスの状態が向上しているといったことを示すデータを取得して開示すべきだ。

他方、「社員向けエンゲージメントサーベイ実施によるPDCA加速」を目標として、「回答率：90％」という結果をもって「社員の声を聴いて改善するサイクルが定着」という実績と結論付けている点については、稚拙な印象が否めない。回答率が高ければいいわけではない。重要なのは、その回答の中身（内容）だ。

さらに言えば、回答内容を吟味するだけではまだ足りず、そこからどのようなインサイトを得て、いかにして具体的な改善に向けたアクションにつなげるかが肝心なのだ。ここまで実現して初めて、「(PDCA) サイクルが定着」と言えるのである。ただ、2021年度の実績として、「社員向けエンゲージメントサーベイの実施によるPDCA加速：230件の改善計画立案」といったアクションプランの策定に確実につなげていることは評価できる。

続いて「ダイバーシティ＆インクルージョン」についてであるが、女性管理職の比率については、2021年度に女性管理職比率：8％（グループ国内）を達成している。ただ、そもそもの目標値8％は低過ぎるため、余程踏み込んだ施策への言及がないと好印象とまでは言い難い。今後の「人的資本開示」で求められるのは、相当高い水準での「ナラティブな説明」である。逆転の発想で、ここを巧く工夫できれば取り組み姿勢のアピールに変えられる。障がい者雇用率の実績については、「最低基準はクリアした」という印象にとどまる。「ダイバーシティ＆インクルージョン」について致命的なのは「デモグラフィックダイバーシティ（demographic diversity：人口統計学的多様性）」に偏り過ぎる点である。ダイバーシティ促進の大目的はイノベーションの加速で、それによる業績向上も期待できる。

図4-10　ウェルビーイングとレジリエンス：
パフォーマンスを発揮させるための新たな方程式

VC Data: CB Insights

- ウェルビーイングは個人目線で、これを**チームパフォーマンス**とか**リーダーシップ**に拡張させていくと Sustainable Performance に。

- ステップ１　健康（コスト削減、労働者の生産性向上）
    従業員支援（メンタルケア）、医療給付

- ステップ２　フィットネス（人材維持）
    運動、睡眠、ストレス軽減、栄養などのサポート

- ステップ３　ウェルビーイング（ホワイトカラーの生産性向上、コラボレーション促進）
    家族、自分探し、**キャリア**、マインドフルネス、満たされた感情、積極思考、カルチャーフィットなどのサポート

- ステップ４　持続可能な働き方（業績と従業員の活力の両立）
    リコグニション・報奨、スキルベースの育成、職場環境、リーダーシップ、マネジメント、明確なゴール、成長機会などのサポート

出典：JOSH BERSIN「FIGURE 2 "The Wellbeing Evolution"」『The Healthy Organization: Next Big Thing In Employee Wellbeing』2021
https://joshbersin.com/2021/10/the-healthy-organization-the-next-big-thing-in-employee-wellbeing/
（点線部以下：内容翻訳、解説文、文字強調は著者による）

しかしながら、**イノベーションを加速するのは**「**コグニティブダイバー**
シティ（cognitive diversity：考え、理解、判断など認知的多様性。あるいは Intellectual
Diversity：知的多様性）」であり、残念ながら「デモグラフィックダイバーシ
ティ」はあまり寄与しないことがわかっている。（→68ページ）
「コグニティブダイバーシティ（あるいは Intellectual Diversity）」の促進のため
にはスキルの可視化が不可欠であることは言うまでもない。

　「従業員の健康」については、「心身の健康状態」との記載があるとおり、
「狭義の健康」関連施策に留まっている感が否めない。ウェルネス・ウェ
エルビーイング施策として4段階（→図4-10）あるうちの、未だステップ
1からステップ2に到達しようとしている段階に思える。なるべく早く「真
のウェルビーイング施策（ステップ3）」の段階に到達すべきであり、その
ためにどのようなロードマップを描いているのか、ここも、ナラティブな
説明が求められる。ちなみに、「真のウェルビーイング施策（ステップ3）」
のためには、スキルの可視化を実施して、個人起点のキャリア支援を行う
ことが不可欠とされている。

　最後に、「労働安全衛生」については、「企業として必要最低限のことは
やっている」という印象であり、加点事由にはならないだろう。

２．丸井グループの事例

　こちらも「好事例集」に掲載された事例であるが、同社の有価証券報告
書（2021年3月期と2022年3月期）について併せて見ていく。
　評価すべきポイントとして、「社会（S）およびガバナンス（G）について
の取り組みを、定量的な情報も含めて記載」していることが挙げられてい
る。これについては、有価証券報告書（2021年3月期）のp.13からp.14にか
けて記載がある。

まず、そこで記載されている「共創サステナビリティ経営」とは、「環境への配慮、社会的課題の解決、ガバナンスへの取り組みが、ビジネスと一体となった未来志向の（経営）」と定義している。これにより、環境問題（E）・社会問題（S）・ガバナンス（G）と、ESGの全方位をケアした経営方針であるというアピールに成功している。

　さらに、単なるCSR的な取り組みにとどまらず、「ビジネスと一体」とすることによって経営戦略上の位置付けに「昇格」させ、持続的な業績向上にも必ずつながるという確信めいたものも感じさせる表現となっている。

　これまでもずっと「すべての人に向けたビジネス」を展開してきたが、今をときめくトレンドワードで表現するなら「インクルージョン（包摂）」であり、「SDGs（Sustainable Development Goals）の実現に寄与する」ような取り組みを他社に先駆けてやっていたのであるという自負もうかがえる表現も盛り込まれている。

　次に、――「2050年を見据えた長期ビジョン『丸井グループビジョン2050』を策定し、『ビジネスを通じてあらゆる二項対立を乗り越える世界を創る』ことを宣言」――と記載されているが、この点については「丸井グループビジョン2050」の内容を一読されたい。その中に「鍵となるのが、誰も置き去りにしない『インクルージョン』という考え方」という一節があるのだが、この部分だけでも、注目すべき表現が多くある。

　特に、「インクルージョンには、これまで見過ごされてきたものを包含する・取り込むという意味があります」という解説がある。そして、――「このインクルージョンを通じ、すべての人の利益の重なり合う部分を広げていくことが、すべての人が『しあわせ』を感じられるインクルーシブで豊かな社会の実現につながる」――としている。

　この点、「すべての人が『しあわせ』を感じられるインクルーシブで豊かな社会の実現」というのを、「すべての従業員が『やりがい』を感じられるインクルーシブで豊かな職場環境（労働環境）の実現」と置き換えて

考えてみるとどうだろうか。そうすると、これまで見過ごされてきた個々人の強みや特性、能力やスキルといったあらゆるものを包含・取り込むことにより、すべての従業員のCan、Willと事業戦略、人事戦略の重なり合う部分を広げていくことが、すべての従業員が「やりがい（Meaningful Work）」を感じられるような職場環境作りにもつながると説明することも可能ではないか。下の図4-11で言えば、Dの部分とGの部分の重なりをなるべく大きくしていくイメージである。言わば、「誰も置き去りにしないタレントマネジメント」であり、同社にはここも目指していただきたい。

図4-11　「人的資本経営」の本質（New SDGs）

*LMS: ラーニングマネジメントシステム

出典：著者独自・SP総研による

最も注目すべきは、——「インクルージョンは理念であると同時に経営戦略そのものであり、二項対立を乗り越え、社会課題の解決と企業価値の向上を同時に実現するためのキーワードである」——という点である。

　SDGs、ESG、DEIといったようなものは押しなべて「理念」や「スローガン」で終わってしまいがちなところ、同社はしっかりと「経営戦略そのもの」と断言し、「社会課題の解決と企業価値の向上を同時に実現するためのキーワード」と位置付けている。このことから、実のある取り組みを確実に推し進めていく企業なのではないかという確信が持てる。

　同じく「丸井グループビジョン2050」の中には「丸井グループが考える2050年の世界」として、——「『私らしさを求めながらもつながりを重視する』『世界中の中間・低所得層に応えるグローバルな巨大新市場が出現する』『地球環境と共存するビジネスが主流になる』という3つの視点から未来の世界を整理」——という具体的な説明がある。これら3つのうち、「『私らしさ』を求めながらも、『つながり』を重視する世界」という点について見ていきたい。ここでも、「未来の世界」という壮大な予測をするよりも前に、「近未来の職場」のあるべき姿を考えてみよう。次のように考えてみるのはどうだろうか。

　高齢者や障がい者は、それ特有のスキルや能力、特性を有している。他方、「現役バリバリ世代」や「健常者」と言って、これまでマジョリティ扱いされてきた人達も、それぞれが保有するスキル、能力や特性によって細分化していけば、マイノリティと捉えることもできる。

　逆に言えば、「健常者」と言われている人達であっても、それぞれが何らかの「弱み」や「欠陥」を必ず抱えている。これらを「障がい」と同じように捉えていいわけではないが、要は「コグニティブダイバーシティ（あるいはIntellectual Diversity）の観点で捉えれば、個々人はすべからくマイノリティなのである。皆が同じようにマイノリティであるので、マイノリティ

という概念が不要になる。すべての人が自身の持ち味を存分に発揮して、「私らしさ」を追求できる。

さらに、HRテクノロジーの活用により、従業員達は個を保ち、自分らしく仕事をしながらも、要所要所で他者とコラボレーションしていく。ここでは、スキル・コンピテンシーのデータをベースとした、マッチングの仕組みが鍵を握る。

次に、有価証券報告書（2022年3月期）の「人的資本経営の取り組み」という項目の中に「一人ひとりの『しあわせ』を共に創る」というタイトルの説明として、——「誰もが『しあわせ』に自分らしく生きられる選択肢を提供することで、一人ひとりの『自己実現』や『好き』を応援し、個がエンパワーできる社会の実現を加速させます」——という表現がある。

その中の特に「ウェルネス経営」についてであるが、「活力×基盤のウェルネス経営」と言ってみたところで、結局それは、「狭義の健康」関連施策に留まっている感が否めない。

ウェルネス・ウェルビーイング施策として4段階あるうちの、未だステップ1からステップ2に到達しようとしている段階に思える。（職場において）「しあわせになること」を真に目指すのであれば、なるべく早く「真のウェルビーイング施策（ステップ3）」の段階に到達すべきであり、そのためにどのようなロードマップを描いているのか、ここもナラティブな説明が求められる。ちなみに、「真のウェルビーイング施策（ステップ3）」のためには「スキルの可視化」を行って個人起点のキャリア支援を行うことが不可欠とされている。（→p.264・図4-10）

最後に「一人ひとりがイキイキと成長し続けられる組織風土の醸成をめざし、積極的な人材育成と採用への投資を実施」という点について「イキイキと成長し続けられる組織風土」とは、いったいどのような状態が

整った環境のことを言うのか、自社なりの定義をするべきだ。

「積極的な人材育成と採用への投資」についても、どのような人材育成を目指していて、投資に対してどのようなリターンを見込んでいるのか、どのような採用戦略を掲げるつもりで、成果をどのように計測する予定なのかなどを明確に示すべきだろう。

「一人ひとりがイキイキと成長し続けられる」というのは、「持続可能な働き方（Sustainable Performance）」の実現ということではないか。すなわち、一人ひとりが持っている強みや特性をフルに活かして、無理なくパフォーマンスを発揮し続けることができるような、真の意味での「適材適所」を実現した状態である。これを行うには以下が望ましい。

- まず、すべてのポジションについてスキル・コンピテンシーベースで詳細な要件定義を行い、同じモノサシで人材側の保有スキルの洗い出しを行う。
- それには、「本格的なタレントマネジメントシステム」の導入が不可欠である。
- 同社において、もし既にそれが導入済みなのであれば、そのシステムを、具体的にどのように活用していく計画になっているのかを記載する。
- 導入がまだであれば、どのような方針でシステムを選定中なのかを記載する。

　有価証券報告書（2022年3月期）において新設された「人的資本経営の取り組み」について、同社は独立した人的資本開示のレポートを作成しているため、こちらの該当箇所も併せて見た時、「今後の取り組みについて」のところで気になったことがある。

　今後の課題として「現在の人材と今後求められる人材とのギャップを埋めること」とあるが、この時、「スキル」の話や「人材要件定義（ジョブ定義）」の話が出てこないというのはあり得ない。「新しいビジネスを作り出すことのできる人材」とはどのように定義するのか。どのような方向によって定義しようと考えているのか。これについての説明が少しでもない

と、「何もしようとはしていない」と受け止められる。

「求める人材のキーワードは『プロデュース by デジタル』」などとしているが、そのような抽象的なキーワードではなく、もっと具体的な人材要件定義に落とし込まない限り、そうした人材の育成や採用は不可能だ。

　さらに、「次世代経営者候補」とは、どのような基準で決めているのか。200名はどのようにして選出されるのか。投資家を始めとするステークホルダーとしては、そこが最も知りたいところだ。

「デジタル研修も強化」とあるが、それらの研修は、それぞれのコンテンツなりカリキュラムをこなすごとに、具体的にはどんなスキルが身に付く立て付けになっているのか。研修を受講するだけで、デジタル人材や「新たなビジネスを創出できる人材」を育成できるのか。「隠れたデジタル人材の発掘」とは、どのような要件を兼ね備えた人材であれば「発掘できた」と言えるのか。まずは、専門人材の採用、育成の前に、人材要件定義（ジョブ定義）を行う必要がある。

　他方、「新たな成長に向けた『人的資本投資』」に記載されていることを要約すると、概ね――「経営管理上の費用を見直し、これまで人材投資としていた教育・研修費に加え、研究開発費に含めていた新規事業に係る人件費や共創チームの人件費、さらにグループ間職種変更異動した社員の1年目の人件費などを『人的資本投資』として再定義した。再定義による2022年3月期の人的資本投資は77億円となった。2026年3月期には120億円まで拡大することで、持続的な企業価値の向上を目指す」――とされている。「人的資本投資」を再定義して範囲を広げるというのは、非常に素晴らしい試みだ。しかも、ステップや目標値の設定が明確になされている。さらに、「持続的な企業価値の向上」という絶対に外せないキーワードがしっかりと入っている。

有価証券報告書（2021年3月期）では「共創のプラットフォームを共につくる（Governance）」とされていたところが、有価証券報告書（2022年3月期）においては、以下、「共創の『場』づくり」と「社内外に開かれた働き方の実現」に分けられて説明されている。

　特に、「社内外に開かれた働き方の実現」に注目してみよう。その中の「イノベーティブな組織の醸成」のところで、「年齢や経験年数にかかわらず能力とスキルとやる気さえあれば、すぐに活躍できる働き方」とあるが、どのような「能力とスキル」があればいいのかをしっかりと定義できているのだろうか。「副業やシェアワーカー、長期インターン」といった場合にも、しっかりとした人材要件定義は必要である。それがなければ、どのような場合に立候補できるのかがわからないため、制度が利用されず、機能しなくなる。

　また、「次世代経営者育成プログラム」によって「次世代の経営を担う人材の発掘と育成をめざし」ているということであるが、ISO30414の「リーダーシップ開発」の項目を参考にしながら「一定期間内に当該プログラムに参加したリーダーの割合」を示したり、「ラーニングと人材開発」の中の「研修参加率」を参考にしながら「年間の従業員総数のうち、研修に参加した従業員の割合」を示すといいだろう。

　さらに、「CDO（Chief Digital Officer）を任命」とか、「CSO（Chief Security Officer）を配置」とあるが、そもそもCDOやCSOについてしっかりとした「ジョブ定義」は行われているのであろうか。特に言及がないため不安が残る。「ジョブ定義」はまだないとしても、どのように適格要件（それは、スキル・コンピテンシーベースで表現されるべき）を満たした人材が実際に配置されたのかについても言及すべきではないだろうか。そうでないと、「流行りの名称を付けてポジションを設置するくらいなら誰でもできる」と受け取られかねない。

3. 双日の事例

こちらも「好事例集」に掲載された事例であるが、同社の有価証券報告書（2022年3月期）を見ていく。「好事例集」においては、有価証券報告書（2021年3月期）における評価すべきポイントとして、

①ダイバーシティの推進に向けた取り組みについて、女性執行役員の登用の実績や女性社員比率の目標を含めて記載
②女性活躍関連目標について、中長期の定量的な目標を時系列で図示しながら平易に記載

という点と、さらに、

- 多様なキャリアパス・働き方を実現する取り組みや経営人材の育成のための取り組みについて平易に記載

という点が挙げられている。

まずは「人材戦略に関する基本方針」の中で「多様性と自律性を備えた個の成長が、企業の価値創造の源泉」としている点が、「単に人がいさえすれば何とかなる」「とにかく人を大切にすることが人的資本経営なり」という発想とは一線を画していると言える。

なぜ多様性が重要なのかと言えば、それは「社員の多様なバックグラウンドを活かし、多角的な視点からマーケットニーズを発掘」できるからであり、多様性は企業の競争力強化につながるという発想でコンパクトにまとめられている。さらに、個（従業員）は自律性を備えることが求められ、積極的に挑戦することも求められるのだといったメッセージが、従業員に対しても発せられている。「社員の成長が当社の成長」というのも、人的資本経営の本質そのものだ。

また「人事施策の浸透度を定量的に効果測定」するために「人材KPI」を設定し、2021年度の実績を示しつつ、短期的目標として2023年度の目標値も明記、さらに中長期（例えば2030年度）の目標値も設定している。「人的資本開示」のお手本のような取り組みであるが、惜しいのは次の2点だ。

- 「挑戦」と「成長実感」を計測するためのKPIが「チャレンジ指数」とされているが、これは具体的にどのようなもので、どのように計測されるのか。「設定したチャレンジ目標に対する上司評価」という付記のみで、曖昧な印象がある。
- 「デジタル人材」を計測するためのKPIが「デジタル基礎研修修了者（の割合）」とされているが、修了さえすれば数値が100％に近づいていくというのでは目標指標としては物足りない。ここは是非とも、「デジタル人材」の人材要件定義をスキル・コンピテンシーベースで精緻に行い、関連する研修を修了したり、実務をこなすにつれて求められるスキル・コンピテンシーが、どのように身に付いたかを記録し、人材要件定義との合致度合い（マッチ率）を計測して、デジタル領域における人材ポートフォリオ分析を行うくらいの本格的な目標設定の工夫が必要なのではないか。

　次に、「人事施策の柱①」として「多様性を活かす」とあり、「人材の多様性を、変化の激しい市場環境に対応し、常に迅速に事業創造できる組織の力へと変えるため」と説明している。その姿勢は素晴らしいが、「それぞれの特性や能力を最大限活かせる」としておきながら、パーソナリティやスキル・コンピテンシーの側面における多様性の状態を把握するための仕組み、施策には何らふれられていないのはなぜだろうか。

　従業員それぞれがどのような「特性」や「能力」を備えているのかを把握することなく、それらを最大限活用することはできるのだろうか。「ダイバーシティマネジメント」によって「組織の成果につなげる」というつながりはいいのだが、「多様な属性・価値観を持つ社員の個を活かし」という側面だけをもってダイバーシティと捉えられているところが残念である。多様性の実現をもって組織の成果につなげる、組織を強くするという狙い

があれば、スキル・コンピテンシーベースでの多様性についてもフォーカスすべきだ。

- 「外国人人材の活躍」については、 単に外国人比率を増やそうとするのではなく、「海外事業会社を起点に現地ネットワークに入り込み、事業領域の拡大や新規事業の創出につなげるため」
- 「海外事業会社の外国人トップの経験知見を、海外地域の当社グループの運営にも生かし、域内での意見交換／情報共有を通じ、共創と共有を促す仕組みも構築」

といった目的が明確で組織力強化につなげているのは素晴らしい。

また、「双日アルムナイ」についてであるが、「アルムナイ」についても、

- 「ビジネス領域の拡大を促進するプラットフォームとして活用」
- 「現状の事業領域に捉われない新たな事業機会の創出やオープンイノベーションを促進」

という目的が明確で素晴らしい。すべてが「企業価値向上」に向いているという印象がある。

「独立・起業支援制度」のところでは、「事業や人材を創造し続ける総合商社」というのが、あるべき総合商社の姿なのだなと気付かされる。
「全社員の望むキャリアパスを支援」とか「起業家精神を持ち積極的に挑戦し続ける人材の確保・育成」という大盤振る舞いが、結果として、回り回ってその企業を強くし、企業文化の変革も促進する。
　ライベル各社は従業員のキャリアについて「ケチケチ施策（典型的には、囲い込みにつながるような視野狭窄的人材育成）」しかやらないと、ますます人材に逃げられる（しかも、優秀人材から）ということに早く気付いたほうがいい。

「多様なキャリア・ライフプランを支援」という中で、個人的に最も注目するのが「就業時間・場所の制限なし」という点だ。

　従業員それぞれが抱える特有の事情に配慮しない限り、真の多様性の実現はありえないが、最もネックになるのが働く時間と場所の制約であると考えるからだ。できれば、「就業時間・場所の制限なし」ということに絡めて、従業員の働きぶりや成果をどのように把握、計測する工夫をしているのかも開示してほしい。

　ここで、今後に向けたインフラ面の整備には、先にも紹介した「チームスピリット（→187ページ）」のようなソリューションの活用も有効だ。

　この「チームスピリット」を活用することで、勤怠管理を工数ベースで精緻に行えるため、働き方の内訳が明らかになり、人の活動状況を把握できるようになる。そのため、従業員一人ひとりがイキイキと働けているか（働きがいを感じられているか）、それぞれの稼働が利益につながっているのかなどを、リアルタイムに把握できるようにもなる。

　ここで、「工数管理」を「従業員自らが自身の勤務時間の明細に自主的に意味を持たせること」と捉え直すことにより、単なる勤怠管理と異なり、生産性向上、多様性促進にも寄与するものであるという認識を持つべきである。すなわち、働き方のスタイル、バックグラウンドや負っているものも人それぞれであるが、データの力で個別化されたケアが可能になる。

　それは、働いている時間を全体として捉えるだけではなく、その内訳を精緻に把握し、主観をある程度排除して客観的に捉えることにより、可能となる。「働き方」の可視化を行うことにより、個々のニーズ、スタイルの尊重にもつなげることができる。

　もう一点、「副業・起業」を可能としていることから、「当社の経験を社会への貢献につなげる」という効果につながっている点も素晴らしいことだ。自社に閉じた持続可能な成長、Sustainable Performanceではなく、社会全体に目を向けていることがよくわかる。

「デジタル人材育成」の項目のところでは、「デジタル人材」を「社内外のデータやデジタル技術を利活用することで、ビジネスモデルや業務プロセスの変革を実践できる人材」としっかりと定義していることはここでわかったが、前述のとおり、「デジタル人材」の人材要件定義をスキル・コンピテンシーベースでより精緻に行い、関連する研修を修了したり、実務をこなすにつれて求められるスキル・コンピテンシーがどのように身に付いたかを記録し、人材要件定義との合致度合い（マッチ率）を計測してデジタル領域における人材ポートフォリオ分析を行うくらいの本格的な目標設定の工夫が必要なのではないか。

　そうすると、「入門レベル」は「ITパスポート試験」の合格（資格取得）という目標設定でもいいのかもしれないが、「基礎レベル」「応用レベル」については、関連するラーニングを受講して修了テストか何かに合格すると、どのようなスキルが身に付いたことにするかということを予め定義しておいたほうがいい。「攻め（DX）と守り（情報セキュリティ）の両輪を意識した基礎レベルコンテンツ」とあるが、それぞれのラーニングコンテンツにも「スキルのタグ付け」を行っておき、修了者・合格者にはそのスキルを認定してデジタルバッジを発行するのである。

　人事施策の柱③の「成長を実感できる」のところであるが、「挑戦」することで、「成長」を実感し、社員一人ひとりの「多様性」が育まれていく好循環とあるが、それぞれのつながり・関係性についてはもう少し丁寧な説明が必要なのではないか。闇雲に挑戦しただけで成長を実感できるわけではない。

　たとえ失敗に終わったとしても、新たな挑戦をしたことにより、どのような具体的なスキルが新たに身に付いたのか、あるいは特定のスキルがレベルアップしたのかを可視化できるような仕組み作りが必要だ。それらのスキルの保有状態が巧いことバラけて、いわゆる「人材ポートフォリオ」

が充実化することでスキルベースでの多様性が実現したことになる。

　また、育成の方向性、目指すべき人材像を「価値を創造することのできる人材」としているが、そのような曖昧模糊とした表現だけでなく、スキル・コンピテンシーベースで精緻な人材要件定義を行い、その要件とされるスキル・コンピテンシーを着実に身に付けさせるラーニングコンテンツなり研修プログラムを用意すべきだ。

　ラーニングコンテンツや研修プログラムの側にもスキル・コンピテンシーの「タグ付け」が必要になることは前述のとおりである。それにより、「個の成長」をスキルという物差しで計測できるようになり、個の保有するスキルの集積によりチーム・組織のケイパビリティが構成され、そのケイパビリティの伸長度合いが「チーム・組織の成長」となるのである。このようにすれば、ある程度定量的に成果を表現できるようになる。

「ジョブローテーション制度、社内公募制度」についてであるが、「多様な専門知識とスキルを身に付けるジョブローテーション制度」と「自らが思い描くキャリアを切り拓く機会としての社内公募制度」とを、あまり切り離さないほうがいい。

　この表現のままだと、「ジョブローテーション制度」のほうは、「時に本人の意向に反してでも組織の都合で行われる可能性のある従来型の制度である」と読めるが、すべては「自らが思い描くキャリアを切り拓く機会として」と統一的に、一貫して考えるべきだ。

「社内公募制度」を原則として、あくまでも手を挙げるのは自由、しかし異動を許可するかの判断は精緻な人材要件定義により厳格に行う。それでも思うように人の異動・配置ができなかったり、「多様な専門知識とスキルを身に付ける」という人材戦略上の不都合が生じた場合にのみ例外的に会社都合のジョブローテーションを行うというのがあるべき姿だ。

「社員とキャリアプランを共有するために定期的に面談を実施」という点

については、日常的に、普段から行われているであろう1対1面談の場でほぼリアルタイムに実施しておくべきだ。

「昇格要件として求める経験年数を短縮」とあるが、そもそも昇格要件に「経験年数」を設定していること自体、旧態依然とした仕組みという印象が強い。経験年数など、どんなに長くても当てにならない。何の基準にもならない。

　要件や基準として設定すべきは、その経験を通じてどのような（広義の）スキル（Knowledge, Skill, Abilityをすべて含む）を身に付けたかである。したがって、早めるべきは「経験を積むスピード」ではなく、「必要なスキルを習得するスピード」である。

「多様な人材の活躍を支える制度」のところについては、「社員が働きやすさと働きがいを持てる健全な職場環境作り」といった場合に、対応するのは「健康」の側面だけではない。「全社員が心身健康な状態を維持し、活躍し続けられる環境を整備」という表現で締め括ってしまうと、結局それは、「狭義の健康」関連施策に留まっている感が否めない。

　先に示したように（→p.264・図4-10）、ウェルネス・ウェルビーイング施策として4段階あるうちの、未だステップ1からステップ2に到達しようとしている段階に思える。

「社員が働きやすさと働きがいを持てる健全な職場環境作り」を真に目指すのであれば、なるべく早く「真のウェルビーイング施策（ステップ3）」の段階に到達すべきであり、そのためにどのようなロードマップを描いているのか、ここも「ナラティブな説明」が求められる。ちなみに、「真のウェルビーイング施策（ステップ3）」のためには「スキルの可視化」を行って個人起点のキャリア支援を行うことが不可欠とされている。

おわりに

2021年の7月、つまり、私がSP総研を設立してから2ヶ月後のこと、すばる舎の吉田真志さんからメッセージをいただいたことがすべての始まりであった。

「『データに基づいた人的資本経営』という切り口で一冊作りたい」とのことだったが、これは私自身が最もやりたいことであり、そのために起業したとも言える。千載一遇のチャンスだと感じた。

何よりも、「吉田さんは、私の強みや価値を真に理解してくれている」と直感的に思った。その1週間後にはミーティングを行い、おおよそのコンセプトや構成が決まった。

私が登壇したセミナーを実際に視聴していただいたり、記事なども読んでいただいた上で出版のお話を持ち掛けてくださったこと、書籍の執筆という意味でもビジネスにおいても、さして目立った実績があったわけでもない私にこのようなチャンスをいただけたことに感謝しても仕切れない。

今振り返ると、「希望刊行時期」が2021年12月〜2022年3月とされていたことに気付き、心苦しい限りだ。

出版は予定よりも2年も遅れた。その原因はすべて私の筆の遅さにあるのだが、ほんの少しだけ言い訳をさせていただきたい。

会社員を辞めて、悠々自適を目指して起業したのだから、自分のための時間もじっくり確保でき、時間の使い方も自由になるはずで年内中は執筆に専念できそうだ、との予想に反して、大型案件が次々と舞い込み「本業」のほうで天手古舞の状況になったのだ。

しかしそれは、本書のテーマとしているところに真のニーズがあったことの表れで、その証明ともなった。執筆が全く進まないもどかしさを常に抱えながらも、「これに真摯に取り組めば取り組むほど、書籍の内容はよりいっそう充実したものになる」と信じて踏ん張った。

実際に、書籍の中で紹介できる事例もでき、それらの案件を通じて得た知見やデータも盛り込むことができた。また、この2年間で働き方やライフスタイルも「アフターコロナ」という状態となり、コロナ禍真っ最中に書かれた文章よりも恒久的な表現に変えることもできた。

さらには、HRテクノロジーや人的資本開示のトレンドにおいても非常に重要な変化があり、それも盛り込むことができた。

吉田さんとすばる舎の皆様には多大なご迷惑をおかけしたが、今となれば「必要な2年間」であったと思う。

本書は、自らの働き方の変革を起点として、すべての人々が「強み」をフルに発揮して活き活きと幸せに生きるために「持続可能な働き方」を実現し、ひいては持続可能な社会の実現に寄与したいという想いから魂を込めて書き上げた。

「持続可能な働き方」とは、すなわち、自らが持てる「強み」によって自然な形で組織や社会に貢献し、不必要な「無理」を強いられることなく適度なパフォーマンスを持続的に発揮し続けていけるような働き方である。

たとえ読者が人事担当や経営職ではないとしても、ぜひ自分ごととして、「よりよい働き方を実現していくために、人事部門や経営陣にはどのような役割を果たしてもらいたいか」「もし自分が人事担当者や経営陣の一人であったならば、働き方の変革のためにまず何をすべきか」という観点で読んでいただけたのであれば、この上なく嬉しいことだ。

本書の内容についての感想やコメントがあれば、ぜひ遠慮なくLinkedInでつながっていただき、直接メッセージを頂戴したい。

最後に、本書の制作に関わって下さったすべての人に、そして本書の内容に多大な影響をもたらして下さったすべての人に、改めて感謝を申し上げる。

根気強く待ってくれ、最後まで伴走してくれた、すばる舎の吉田真志さん。この書籍のデザイン、装丁、販売に関わって下さったすべての関係者の皆様。

事例紹介について快く承諾して下さった、パナソニック インダストリー株式会社の皆様、同じくK社（社名は非公開）の皆様。

独立・起業に向けた礎を築いて下さったと言っても過言ではない、EY税理士法人COOの一藤さん。人的資本経営の「本来あるべき姿」について共感していただき、いつも大切な示唆を下さる、パナソニック コネクト株式会社CHROの新家さん。

本書の内容をより熱いものにするきっかけを下さり、場合によっては「極端」と捉えられかねない私の「論調」をいつも支援して下さる宇田川さん（元ワークデイ株式会社）、長島さん（ノバルティス ファーマ株式会社）を始めとするHRテクノロジー界隈の仲間たち。

同じく、日頃からお世話になり、大切なビジネスパートナーである株式会社セルム（加島さん、他）、株式会社PHONE APPLI（石原さん、岩田さん、藤田さん、他）、株式会社チームスピリット（道下さん、若宮さん、他）、エール株式会社（櫻井さん、篠田さん、榎本さん、他）、entomoのナリンアドバニさん、株式会社Ex-Workの馬渕さん、HRテクノロジーコンソーシアムの香川さん（他、理事の方々）、プロティアン・キャリア協会の皆様、そして、本書においても非常に重要な言葉の定義や概念について引用させていただいている岩本先生（慶應義塾大学大学院政策・メディア研究科特任教授）…まだまだ挙げきれない。

「Sustainable Performance」を「持続可能な働き方」として捉えて、これを会社名に取り入れようという閃きのきっかけをくれた母校 慶應義塾。「既成概念に囚われるな、何でもアリだ」の精神を私に宿してくれた、同じく母校 慶應義塾志木高等学校、その同級生たちと当時の先生方。

　執筆が行き詰まったときに、必ずと言っていいほど毎回私にインスピレーションを与えてくれた伊東温泉（という地）。私のワーケーションの定番となり、かの時代の文豪たちの気持ちがわかったような気がする（笑）。

　さらに、好き勝手なワークスタイル・ライフスタイルを許容してくれていて、キャリアコンサルタントとしてビジネスパートナーの役割もこなしてくれている妻。
　何よりも、本書をここまで読んでいただいた皆様にも、深く感謝申し上げたい。

　世の中の様々なトレンドの移り変わりも激しく、それらの流れに追い付けずに焦りを感じたり、いったい何から着手すればいいのやら戸惑うような時に拠りどころとすべきことはただ一つ、「それはサステナブル（持続可能）か？」という問いかけである。
　まずは自分自身が「持続可能な状態」でなければ、組織全体・企業全体、ひいては社会全体としての持続可能性もおぼつかない。
　本書の読者が、まず自らの働き方の変革に向けて着実に第一歩を踏み出し、それが社会全体の「幸せの循環」を生み出すことにもつながっていくことを願っている。
　あくまでも個人を起点として、個々が幸せに生きるために「持続可能な働き方」を実現することこそが持続可能な社会の実現へ向けての近道なのだから。

さて、今日（この「あとがき」を執筆している今）はわが娘の8歳の誕生日だ。いつも周囲を明るくしてくれて、優しさと知性に溢れるわが娘を誇りに思っている。本を読むことも大好きだ。

　本書が永く書店に並べられ、少なくとも図書館には残り、10年後、20年後に「パパの本に書かれていたようになったね。さらにいい時代になって、私も毎日を楽しく過ごせている」と娘から言ってもらえますように。

2023年12月吉日

民岡　良

【著者紹介】

民岡 良（たみおか・りょう）

株式会社ＳＰ総研 代表取締役 / 人事ソリューション・エヴァンジェリスト

1996年慶應義塾大学経済学部を卒業後、日本オラクルにてERPシステムの教育事業に従事。SAPジャパンにおいては人事管理システム（SAP ERP HCM）の導入、認定コンサルタント養成プログラムでの講師を担当。その後、人材エージェント業務を経て2016年に日本IBMに参画し、Kenexa / Watson Talentを活用したタレントマネジメント / 採用・育成業務プロセス改革に従事。直近ではウイングアーク1stにて、日本企業の人事部におけるデータ活用ならびにジョブ定義、スキル・コンピテンシー定義を促進させるための啓蒙活動に従事したのち、2021年5月より現職。一般社団法人HRテクノロジーコンソーシアムの理事も務め、「人的資本開示（ISO30414）」に関する取り組みについても造詣が深い。労政時報セミナー、HRカンファレンス等、登壇実績多数。

著書に、『HRテクノロジーで人事が変わる』（共著・労務行政）、『経営戦略としての人的資本開示』『戦略的人的資本の開示』（共著・両書とも日本能率協会マネジメントセンター）、『現代の人事の最新課題』（共著・税務経理協会）等がある。

Book Design　　　：山田知子（チコルズ）
DTP・図版制作：朝日メディアインターナショナル
校正　　　　　　：鷗来堂
カバーイラスト　：turn_around_around（Adobe Stock #558092952）

最新のHRテクノロジーを活用した
人的資本経営時代の持続可能な働き方

2024年 2月26日 第1刷発行

監修者 ── 民岡 良
発行者 ── 徳留 慶太郎
発行所 ── 株式会社すばる舎
　　　　　〒170-0013 東京都豊島区東池袋 3-9-7 東池袋織本ビル
　　　　　TEL　03-3981-8651（代表）03-3981-0767（営業部直通）
　　　　　FAX　03-3981-8638
　　　　　URL　https://www.subarusya.jp/
印　刷 ── 株式会社シナノ

変化に強く、イノベーションを生み出す
ネットワーク型組織のつくり方

北郷 聡・橋本 洋人

なぜ、今、ネットワーク型組織が注目されるのか？ メリット、デメリットは何か？ ネットワーク型組織の本質を解き明かし、成功要因を事例から抽出。自社に導入、運用するための手順と留意点を徹底解説。さらに、人材の要件から人事制度の設計、コンフリクトの解消まで、ネットワーク型組織に関するすべてを一冊に網羅した決定版！

A5判・328ページ
定価　3,000円＋税

現場でよくある課題への処方箋
人と組織の行動科学

伊達 洋駆

最新研究に基づいた、再現性の高い施策のヒントから、副作用のリスクと回避方法、担当者が明日から始められるファーストステップにも言及。人や組織をめぐる44項目の課題を取り上げ、会社における人の心理や行動を探求する「組織行動論」の研究知見をもとに対策を紹介。実務に有益なエビデンスがひととおり揃う一冊。

A5判・352ページ

定価　本体3,200円＋税

多彩なタレントを束ね
プロジェクトを成功に導く

中野 崇
TAKASHI NAKANO

ビジネス
プロデューサー
の仕事

Starting Up and
Developing a Business

チームをリードし、事業を創る
9つのコアスキル

文系・理系は関係ない！ DX・DI時代に求められる
ビジネス×テクノロジー×デザインを統合するマネジメント力

すばる舎

多彩なタレントを束ね プロジェクトを成功に導く
ビジネスプロデューサーの仕事

中野 崇

文系・理系を問わず、DX・DI・AI時代にも必要とされる人材・職種とは？ 顧客の課題やニーズを理解し、付加価値を提供できる人。多彩なタレントを持つスペシャリストをリードし、チームにまとめ上げ、ビジネスを作り上げるスキルの体系と身につけ方がわかる！

四六判・384ページ
定価　本体2,200円＋税